dtv

Des Lebens ganze Fülle pointiert auf engsten sprachlichen Raum zu verdichten, ist das Anliegen von Kürzestgeschichten, einem Genre, das in der brasilianischen Literatur sehr beliebt ist. Häufig sind sie mehr Skizze als Beschreibung, mehr Aperçu als Bericht, vieles bleibt unausgesprochen, nur angedeutet, fragmentarisch. Doch die thematische und stilistische Breite ist groß, die Geschichten sind stark im brasilianischen Alltag verankert und somit Spiegel der modernen Gesellschaft. Die hier getroffene Auswahl lädt dazu ein, die Vielfalt der Gegenwartsliteratur Brasiliens kennenzulernen.

Luísa Costa Hölzl, geboren 1956 in Lissabon, ist Portugiesisch-Dozentin und Publizistin. Als Vorsitzende des Vereins LUSOFONIA e.V. setzt sie sich für die Förderung und Vermittlung der Kulturen in portugiesischer Sprache ein und hat selbst Kurzprosa und Lyrik in deutschen und portugiesischen Zeitschriften und Anthologien veröffentlicht.

Wanda Jakob, geboren 1976, ist literarische Übersetzerin für Portugiesisch und Englisch sowie Herausgeberin und Moderatorin. Aus dem Portugiesischen übersetzte sie u.a. Carlos Dummond de Andrade und Ana Paula Maia. Gemeinsam mit Luísa Costa Hölzl organisiert sie für LUSOFONIA e.V. Lesungen und Veranstaltungen in München.

Microcontos

Minigeschichten aus Brasilien

Ausgewählt von Luísa Costa Hölzl

Übersetzt von Wanda Jakob

dtv

Obra publicada com o apoio
do Ministério da Cultura do Brasil /
Fundação Biblioteca Nacional

Veröffentlichung mit freundlicher Unterstützung
des Ministério da Cultura do Brasil /
Fundação Biblioteca Nacional

MINISTÉRIO DA CULTURA
Fundação BIBLIOTECA NACIONAL

Originalausgabe 2013
4. Auflage 2018
dtv Verlagsgesellschaft mbH & Co. KG, München
Umschlagkonzept: Balk & Brumshagen
Umschlagfoto: Haas&Hahn for favelapainting.com
Satz: Greiner & Reichel, Köln
Druck und Bindung: Druckerei C.H.Beck, Nördlingen
Gedruckt auf säurefreiem, chlorfrei gebleichtem Papier
Printed in Germany · ISBN 978-3-423-09518-1

Tata Amaral

O pau no gato

« Vai nada ! Eles sempre dizem que vêm e não vêm nunca. »

« Desta vez vêm mesmo ! »

« Você é boba ! Acredita em cada coisa. »

« Deixa que eu te ajudo. »

« Segura uma alça. Assim não pesa para ninguém. »

Elas diminuem o passo, ofegantes com o esforço.

« Eu mesma li. Te juro. Na casa da patroa. Explicava tudo. Depois comentei com a Dona Márcia e ela confirmou : até o final do ano nenhum bairro vai deixar de ter luz elétrica. »

« E aquilo lá é bairro ? »

« A vila também, ora essa. »

Pára pra respirar um pouco. A outra também. Continuam.

« E olha que outro dia o Chico viu o carro da companhia de luz passeando por aí. »

« Besteira ! Se vier, não passa uma quadra da avenida. »

« Tô com medo. O Rivaldo em casa doente. A pensão é curta, sabe ? Só falta ter que pagar conta de luz. »

« Sossega. Não tem perigo. Certeza. »

Vão parando, perto de uma bifurcação do caminho.

« Te encontro no ponto amanhã ? »

« Amanhã não. É quinta-feira, esqueceu ? Vou pros lados do Campo Limpo. »

« Lonjura … »

TATA AMARAL

AUS DEM KABELVERHAU

«Das wird nichts! Die sagen immer, sie kommen, und dann kommen sie doch nicht.»

«Diesmal bestimmt!»

«Red keinen Unsinn! Du glaubst aber auch alles.»

«Lass mich dir helfen.»

«Nimm du den anderen Griff, so ist's für uns beide leichter.»

Außer Atem vor Anstrengung gehen sie langsamer.

«Ich hab's selbst gelesen, glaub mir. Bei der Senhora zuhause. Es wurde alles erklärt. Dann hab ich mit Dona Márcia gesprochen und sie hat's auch gesagt. Bis zum Ende dieses Jahres wird kein Stadtviertel mehr ohne Strom sein.»

«Und das hier soll ein Stadtviertel sein?»

«Die Siedlung auch, na klar!»

Sie hält an, um zu verschnaufen. Die andere auch. Sie gehen weiter.

«Und außerdem hat Chico neulich den Wagen der Elektrizitätswerke hier herumfahren sehen.»

«Blödsinn! Wenn der kommt, dann doch nie weiter hinauf als bis zur ersten Querstraße.»

«Ich hab Angst. Mit dem kranken Rivaldo daheim. Die Rente ist knapp, du weißt ja. Eine Stromrechnung fehlt da gerade noch.»

«Beruhig dich, kein Grund zur Sorge. Wirklich.»

Sie halten kurz vor einer Weggabelung an.

«Morgen wieder an der Haltestelle?»

«Morgen nicht. Donnerstag, schon vergessen? Ich fahr raus nach Campo Limpo.»

«Elende Fahrerei ...»

«Dureza …»

As duas se despedem na porta da casa de uma. A noite vem descendo, acendendo as luzes das casas. O emaranhado de fios dos «gatos» faz circular energia elétrica de graça na vila. Vem subindo desde a avenida, determinado, tecendo uma trama incompreensível. De vez em quando, um aglomerado de tênis de menino pendurado pelos fios serve de decoração, feito bandeirinhas pesadas ao vento. As duas mulheres se separam, entram pra dentro de suas casas, trocando as preocupações de fora pelas de dentro. Dureza.

« Elende Schinderei ... »

Sie verabschieden sich vor der Tür der einen. Die Nacht bricht herein, in den Häusern gehen die Lichter an. Durchs Dickicht der Drähte im Kabelverhau kann der elektrische Strom in der Siedlung kostenlos fließen. Er kommt entschlossen von der Hauptstraße herauf und endet in einem undurchdringlichen Gewirr. Hier und da hängt schmuckvoll ein Knäuel Kinderturnschuhe an den Schnürsenkeln herab, wie schwere Windfähnchen. Die beiden Frauen trennen sich, gehen in ihre Häuser und tauschen die Sorgen von draußen gegen die von drinnen. Elende Schinderei.

A JANTA

A pior hora era a do jantar.

Depois da escola, todo mundo chegava a mil. Tinha o banho, a mãe atormentada com aquele tanto de criança, fazendo algazarra, molhando tudo, bagunçando a casa limpa que tanto trabalho devia ter dado pra limpar. Ela era a mais velha. A mais levada também. Atordoava a mãe, hoje ela sabe. As brigas pela televisão, o lugar no sofá ... Era também a mais mandona. Sempre querendo que os irmãos fizessem assim, fizessem assado.

Depois tudo ia acalmando, uns cochilavam no sofá, outros no chão. Vez por outra saía um arranca-rabo. Ela impunha respeito, senão a mãe vinha brigar. Afinal, ela era a mais velha.

Ela ficava esperando o bife. Era um sinal. Demorava sempre. A mãe vinha pra sala, olhava as crianças, ouvia um reclamando do outro, ficava brava, voltava pra cozinha. Depois voltava a passar pela sala, ignorando a reclamação dos irmãos. Tinham fome. Ia até a porta e ficava lá. Às vezes pegava de prosa com uma vizinha. Demorando ...

E ela ali, fingindo prestar atenção na televisão, preocupada com o bife.

De repente, a mãe passava de volta, sumindo pra dentro. Então vinha o chiado da frigideira, o cheirinho da carne na chapa. Os irmãos se excitavam.

A mãe começava a trazer as travessas pra sala. Vinha, voltava, vinha e voltava. Demorava. Finalmente trazia a travessa dos bifes, a criançada já

Abendessen

Die schlimmste Zeit war abends beim Essen.

Nach der Schule waren alle aufgekratzt. Dann ging's ab ins Bad, die ganze Bande quälte die Mutter, schrie herum, überschwemmte alles und veranstaltete einen Saustall im frisch geputzten Haus, das zu putzen ganz schön Arbeit gemacht haben musste. Sie war die Älteste. Und auch die Frechste. Sie brachte die Mutter um den Verstand, heute weiß sie das. Der ewige Streit um den Fernseher, um den Platz auf dem Sofa ... Sie war es auch, die am meisten herumkommandierte, die immer bestimmte, die Geschwister hätten dieses oder jenes zu tun.

Danach wurde es erst einmal ruhiger, die einen dämmerten auf dem Sofa herum, die anderen auf dem Boden. Hin und wieder brach ein Tohuwabohu aus. Sie setzte sich durch, sonst würde die Mutter kommen und schimpfen. Immerhin war sie die Älteste.

Sie wartete auf das Schnitzel, das war ein Wink. Doch es dauerte immer. Die Mutter kam ins Wohnzimmer, sah die Kinder an und hörte zu, wie sich eins übers andere beschwerte, wurde prompt wütend und ging in die Küche zurück. Dann wieder kam sie durchs Wohnzimmer und überhörte dabei das Gezanke der Geschwister. Die hatten Hunger. Sie ging bis zur Haustür und blieb dort stehen. Manchmal quatschte sie auch mit einer Nachbarin. Und es dauerte ...

Sie, die Tochter, saß da und tat so, als würde sie fernsehen, dachte aber nur ans Schnitzel.

Auf einmal kam die Mutter wieder und verschwand nach hinten. Dann brutzelte es in der Pfanne, duftete nach Grillfleisch. Die Geschwister wurden ganz aufgeregt.

Die Mutter begann, die Platten ins Wohnzimmer zu tragen. Kam, ging wieder zurück, kam nochmal und ging wieder zurück. Es dauerte. Endlich brachte sie die Platte mit den dünnen

sentada à volta da mesa. A mãe não deixava ninguém comer enquanto ela não se sentasse. E ela sempre parecia que não ia sentar nunca.

Então, quando não tinha mais jeito, sentava. Começava a servir o arroz, o feijão, o bife já esfriando, filho por filho, prato por prato. A criançada se acalmava, boca cheia. Só o mastigar e o barulho dos talheres nos pratos podiam ser ouvidos. Ninguém olhava pra ninguém, todos concentrados na comida. Ninguém olhava o lugar vazio do pai assombrando todo mundo.

Schnitzeln, die Kinderschar saß schon um den Tisch. Keiner durfte anfangen, solange sie selbst nicht saß. Und jedes Mal schien es, als würde sie sich nie setzen.

Erst wenn nichts mehr zu tun war, setzte sie sich. Sie verteilte den Reis, dann die Bohnen, ein Kind nach dem anderen, ein Teller nach dem anderen, das Fleisch wurde schon kalt. Die Schar beruhigte sich, ihre Münder waren gestopft. Nur das Kauen und das Geklapper von Besteck war zu hören. Keiner schaute den anderen an, alle waren mit Essen beschäftigt. Keiner schaute zum leeren Platz vom Vater, der über allem spukte.

«Não vai jantar?»

«Já comi.»

Ela aponta o controle remoto para a televisão, como se fosse uma arma. Troca o canal. Na TV, um noticiário banal. Ele passa a mão encardida pela sua coxa. Ela finge que não percebe.

«E os meninos?»

Ela demora a responder, como se estivesse muito atenta ao que se passa na TV. Responde, sem olhar para ele.

«Dormindo.»

Depois não aguenta. Explode.

«Você lembra que eles existem?»

«Vai começar?»

«O que eu tenho vontade é de terminar.»

Ele retira a mão que ficara estacionada na sua coxa. Fica olhando a televisão. Sem ver. Depois, lentamente, vai deitando no colo da mulher. Ela abaixa a cabeça. Seus olhares se encontram. Ele se aninha melhor. Volta o rosto na direção da sua barriga. Abraça sua cintura. Fecha os olhos.

Suavemente, a mão da mulher vai se enroscando no cabelo dele. Seus olhos pregados no rosto do homem a dormir.

A televisão continua contando notícias sem importância ...

« Willst du nichts essen? »

« Hab schon gegessen. »

Sie richtet die Fernbedienung auf den Fernseher wie eine Waffe und wechselt den Sender. Es läuft eine billige Nachrichtensendung. Er streicht mit seiner verdreckten Hand über ihren Schenkel. Sie tut, als merke sie es nicht.

« Und die Kinder? »

Sie antwortet nicht sofort, als würde sie brennend interessieren, was im Fernsehen kommt. Ohne ihn anzusehen, sagt sie:

« Schlafen. »

Dann hält sie es nicht mehr aus. Sie explodiert:

« Weißt du überhaupt noch, dass es sie gibt? »

« Fängst du wieder an? »

« Eher möchte ich Schluss machen. »

Er zieht die Hand zurück, die auf ihrem Schenkel geparkt war, schaut in den Fernseher, ohne etwas zu sehen. Dann, ganz langsam, lässt er seinen Kopf in den Schoß der Frau sinken. Sie beugt sich hinab, die Blicke treffen sich. Er schmiegt sich enger an, dreht das Gesicht zu ihrem Bauch, legt einen Arm um ihre Taille und schließt die Augen.

Sanft beginnt die Hand der Frau mit seinem Haar zu spielen. Ihr Blick ist auf das Gesicht des schlafenden Mannes geheftet.

Im Fernsehen bringen sie weiter belanglose Nachrichten …

Cantata

Do nada, no meio da rua, ele a puxa para si e a beija demoradamente e apaixonadamente, a ponto de chamar a atenção transeunte. Quando terminam, ela se afasta dele, com o rosto afogueado e, mais pela surpresa, quase sem fôlego. Então solta uma exclamação e uma pergunta:
« Nossa ! A que devemos isso ? »

« Quis aumentar minha frequência cardíaca. Dizem que é bom pro coração. »

Ela ri. Ele completa:
« Pra durar mais tempo ao seu lado no mundo. »

Daí ela abre um sorriso e os braços e caminha na direção dele. E ele se encaixa naquele abraço de um jeito que nunca tinha se encaixado em nenhum outro lugar no mundo. Como se tivesse nascido ali.

Marçal Aquino

Weltliche Kantate

Einfach so, mitten auf der Straße, zieht er sie an sich und küsst sie lange und leidenschaftlich, bis sie die Aufmerksamkeit der Fußgänger wecken. Als sie fertig sind, weicht sie mit erhitztem Gesicht ein paar Schritte zurück, überrascht, fast atemlos. Dann ein Ausruf und eine Frage:

«Himmel! Wo kam das denn her?»

«Wollte nur meine Herzfrequenz erhöhen. Man sagt, das ist gut fürs Herz.»

Sie lacht. Und er:

«Damit ich länger an deiner Seite auf der Welt bleiben kann.»

Da lächelt sie, breitet die Arme aus und geht zu ihm. Und er nistet sich in diese Umarmung ein, wie er sich noch nie an einem Ort der Welt eingenistet hat. Als wäre er hier geboren.

A casa vermelha da praça

Tio Cecílio atravessou um ano inteiro num morre--não morre, que acabou se integrando de forma natural à rotina da casa. Prima Tarsila chegou a dar uma festa de aniversário, com DJ e tudo, como se ignorasse as dores do pai no andar de cima.

No dia de sua morte, tio Cecílio amanheceu recobrado, de faces coradas, iludindo que podia sarar a qualquer momento. Pediu que o sentassem na cama e abrissem a janela do quarto. Tinha sido criado naquela casa, queria espiar pela vez derradeira o casario trivial da praça, o sol deixando a paisagem em carne-viva.

Lugar medonho, ele disse.

E deu uma risada cava, a última, por sinal, antes de encerrar o expediente neste mundo.

Disque-denúncia

« Cabeça? »
« É. »
« De quem? »
« Não sei. O dono não tá junto. »

Das rote Haus am Platz

Onkel Cecílios Leben hing ein ganzes Jahr lang am seidenen Faden, ein Umstand, der sich irgendwann ganz selbstverständlich in die üblichen Abläufe im Hause einfügte. Cousine Tarsila feierte sogar ihren Geburtstag, mit DJ und allem, als wüsste sie nichts von den Schmerzen des Vaters im oberen Stockwerk.

Am Tag seines Todes wachte Onkel Cecílio erholt auf, mit geröteten Wangen, es schien, als ob er jeden Moment wieder gesund werden könnte. Er bat, dass man ihn im Bett aufsetzte und das Fenster öffnete. Er war in dem Haus aufgewachsen und wollte einen allerletzten Blick auf die fade Häuserzeile am Platz erhaschen, wenn die Sonne die Landschaft wund färbte.

«Scheußlicher Ort», sagte er.

Und gab ein hohles Lachen von sich, das letzte übrigens, bevor er endgültig mit den Geschäften auf dieser Welt abschloss.

Verbrechens-Hotline

«Kopf?»

«Ja.»

«Von wem?»

«Weiß nicht. Hängt kein Besitzer dran.»

Filé de rosas

Postos frente a frente, os irmãos Lucena negam. Mas é certo que a tenra Jaqueline e seu sumário biquíni foram vistos pela última vez na piscina da cobertura em que os dois vivem numa espécie de casamento consanguíneo. Disse Durval Lucena, com a empáfia que lhe é peculiar, que tudo não passa de intriga de invejosos e que, se as coisas continuarem nesse pé, não terá alternativa a não ser mudar-se de vez para Nova York, onde já passa boa parte do ano. Ao que Marli Lucena, que recentemente tosou o cabelão que levava cor-de-rosa havia anos e doou para um leilão em benefício da Casa do Pequeno Portador de Câncer, acrescentou : isso é fofoca de gente que não foi convidada pra nossa festa havaiana na cobertura, sobre a qual até um jornal do Rio fez menção. O fato é que da bela Jaqueline e de seu exíguo biquíni não se teve mais notícia – a não ser aqui.

Rosen-Filet

Einander gegenübergestellt streiten es die Geschwister Lucena ab. Jedenfalls ist sicher, dass die zarte Jaqueline und ihr knapper Bikini zum letzten Mal am Pool des Penthouses gesehen wurden, in dem die zwei in einer Art geschwisterlichen Ehe leben. Durval Lucena sagte mit der ihm eigenen Arroganz, es sei nichts weiter als eine eifersüchtige Intrige und ihm bliebe, wenn die Dinge so weiterliefen, keine andere Möglichkeit, als endgültig nach New York zu ziehen, wo er ohnehin einen guten Teil des Jahres verbrächte. Worauf Marli Lucena, die kürzlich ihr Haar, seit Jahren rosa gefärbt, geschoren und einer Versteigerung zugunsten des Hauses des Kleinen Krebsträgers gespendet hatte, hinzufügte: Alles nur Tratsch von Leuten, die nicht auf unsere Hawaiiparty im Penthouse eingeladen waren. Die wurde sogar in einer Zeitung in Rio erwähnt. Tatsache ist, dass man von der schönen Jaqueline und ihrem winzigen Bikini nichts mehr hörte – nur hier.

Beatriz Bracher

Ele gostava de Maria

Maria aprontava. Bebia, dava escândalo, esbravejava, seguia outro rumo e não ligava para avisar onde estava.

Maria esquecia de buscar o filho na escola, não chegava em casa para o jantar, não estava na casa da mãe, não estava na casa de amigos, e não ligava para avisar onde estava.

Maria tentava se matar, uma, duas, muitas vezes. E não ligava para avisar onde estava.

Cada vez que ela não ligava, ele entrava em pânico. Todos procuravam, e Maria voltava.

Ele gostava de Maria porque ela voltava e porque ela não pedia desculpas.

Beatriz Bracher

Er mochte Maria

Maria benahm sich unmöglich. Sie trank, führte sich auf, schrie herum, schlug einen anderen Weg ein und rief nicht an, um zu sagen, wo sie war.

Maria vergaß, ihren Sohn von der Schule abzuholen, kam nicht zum Abendessen nach Hause, war nicht bei der Mutter, auch nicht bei Freunden und rief nicht an, um zu sagen, wo sie war.

Maria versuchte, sich umzubringen, ein, zwei, ja viele Male. Und rief nicht an, um zu sagen, wo sie war.

Jedes Mal, wenn sie nicht anrief, geriet er in Panik. Alle suchten nach ihr, und Maria kam zurück.

Er mochte Maria, weil sie zurückkam und weil sie nicht um Verzeihung bat.

Raza

Sabemos que Raza existe. Passamos por suas ruas de carro e quase nada sabemos dela. Conhecemos razares que trabalham aqui, andam em nossas ruas durante o dia. Hesitamos dizer que Raza é uma cidade, apesar da fronteira geograficamente nítida. Por muito tempo pensei que Raza fosse apenas um estágio incerto e errado de nossa própria cidade.

Razares falam diferente, vestem-se diferente, andam e olham diferente de nós. A cor, não gostamos de falar nisso, mas evidentemente a cor da pele e a textura dos cabelos também são distintas. Não entendo, portanto, a demora em perceber que se trata de outra cidade e não de um defeito, nosso ou deles.

Razares têm leis próprias que somos incapazes de sistematizar; usam pouco a escrita, e o silêncio é valioso. Nos últimos anos Raza encheu-se de projetos que os razares frequentam. Pulando de projeto em projeto conheci o pouco que conto agora para te distrair nesse entardecer de sua convalescença.

Os razares transformam-se quando vistos em seu próprio ambiente. No início são escuros e opacos, absorvem nossa luz e não é possível diferenciá-los. Em poucos dias começam a refletir e a branquear; conseguimos então notar os traços distintivos de cada um e ligar rostos a nomes e histórias. Os projetistas reúnem-se toda primeira sexta-feira do mês para discutir os problemas revelados nas projeções diárias: desamparo, falta de sentido para a vida, desambição e tédio, violência, prostituição, desestruturação do pensamento e descontinuidade da fala, por exemplo.

Raza

Wir wissen, dass es Raza gibt. Wir fahren mit dem Auto durch seine Straßen und wissen doch fast nichts darüber. Wir kennen die Razarener, die bei uns arbeiten, sie laufen tagsüber durch unsere Straßen. Wir zögern trotz der klaren geografischen Grenze, Raza als Stadt zu bezeichnen. Lange Zeit dachte ich, Raza sei nur ein unbeständiges, fehlgeleitetes Stadium unserer eigenen Stadt.

Razarener reden anders, kleiden sich anders, gehen und schauen anders als wir. Wir sprechen nicht gerne darüber, aber offensichtlich sind ihre Hautfarbe und die Beschaffenheit ihrer Haare anders. Mir ist deshalb nicht klar, warum man immer noch nicht versteht, dass es sich um eine andere Stadt und nicht um einen Schandfleck handelt, weder unseren noch ihren.

Razarener haben ihre eigenen Gesetze, die wir nicht einordnen können; nur selten verwenden sie Schrift, und Schweigen ist ihnen viel wert. In den letzten Jahren wurde Raza mit Projekten überschwemmt, an denen die Razarener teilnehmen. Von einem Projekt zum nächsten hastend habe ich das Wenige kennengelernt, von dem ich erzähle, um dich jetzt, zum Ausklang deiner Genesung, abzulenken.

Die Razarener verwandeln sich, wenn man sie in ihrer eigenen Umgebung sieht. Erst sind sie dunkel und undurchsichtig, schlucken unser Licht und sind nicht zu unterscheiden. Nach wenigen Tagen werfen sie das Licht zurück und werden heller; da erst können wir die Gesichtszüge eines jeden Einzelnen ausmachen und die Gesichter mit Namen und Geschichten in Verbindung bringen. Die Projektleute setzen sich jeden ersten Freitag im Monat zusammen, um die in den täglichen Projektionen aufscheinenden Probleme zu besprechen: Vernachlässigung, fehlender Lebenssinn, Antriebslosigkeit und Langeweile, Gewalt, Prostitution, unstrukturiertes Denken und zusammenhangloses Sprechen zum Beispiel.

Projetos surgem, crescem e somem, consomem dinheiro, abnegação, nosso tempo, e Raza permanece Raza. Alguns projetistas enlouquecem e tentam o suicídio, como você, Raul, a quem, porém, tocou cidade diversa; outros perdem a capacidade de emitir imagens luminosas na retina deles, a fala transforma-se, perde a fluência.

Raul, pálido, esticado no sofá adamascado, massageia com suavidade seus pulsos envoltos em gaze limpa, a pele costurada cicatriza e coça. Raul é uma pessoa frágil, não quer se apaixonar de novo nem conhecer pessoas diferentes. No final, ele sabe, irá se transformar em um meio do caminho híbrido e estéril.

My dear, Raul sussurra, *what I need is a land far far away.* Ele fecha os olhos quase sem cílios, *quero ouvir uma tragédia inesperada, uma história que termine em morte e sepultamento.*

Projekte entstehen, wachsen und verschwinden wieder, verschlingen Gelder, Opfer, unsere Zeit, und Raza bleibt Raza. Einige der Projektleute werden verrückt und versuchen sich umzubringen, so wie du, Raul, dem allerdings eine andere Stadt beschert war; andere verlieren die Fähigkeit, leuchtende Bilder auf ihre Netzhaut zu senden, ihr Sprechen wandelt sich, verliert an Fluss.

Raul liegt blass auf dem Damastsofa und massiert sanft seine in sauberen Mull gewickelten Handgelenke, die genähte Haut vernarbt und juckt. Raul ist ein labiler Mensch, der sich nicht mehr verlieben und auch keine anderen Menschen mehr kennenlernen will. Letztlich, so weiß er, wird er zu einem zwitterhaften und unfruchtbaren Zwischending werden.

My dear, flüstert Raul, *what I need is a land far far away.* Er schließt die fast wimpernlosen Augen, *ich möchte einer unerwarteten Tragödie lauschen, einer Geschichte, die mit Tod endet und mit Begräbnis.*

Duas fotografias sobre o natural

para Elisa Bracher, minha irmã

Na cidade de Abaetuba, uma menina de treze anos ficou presa durante dias junto com vinte homens. Por ser menor, não conhecemos seu rosto nem seu nome. Sobre a sua prisão foram publicadas duas fotografias.

Uma é da cela em que a menina ficou presa. É uma fotografia pequena e mal impressa, as grades da cela da prisão de Abaetuba dão para uma rua com casas. Uma rua comum, de terra, uma rua com casas comuns. A menina gritou e pediu ajuda todos os dias; talvez a cada estupro, ou antes de cada um deles. Ou baixinho, um grito para a rua, baixinho para que nenhum dos homens ouvisse.

Ela ficou presa até que um dos vinte homens – um que a protegeu como foi possível, não impedindo seguidos estupros, pois isso não era possível, mas dando-lhe da sua comida, arrumando-lhe um lugar mais protegido para ficar quando não estava sendo abusada –, até que esse homem fosse solto. Ainda da prisão, ele escreveu para alguém da Justiça contando da situação, mas ele não tinha a certidão de nascimento da menina para provar que ela tinha apenas treze anos, ou para provar que ela existia. Ao sair da prisão ele achou o tal documento e conseguiu que um juiz ordenasse que a menina fosse solta.

Os gritos e os estupros, a gente leu, os ouvidos dos moradores da rua de terra com casas comuns a gente viu na fotografia.

Outra fotografia mostra a menina andando ao lado de um policial. Ela é baixinha, veste uma saia jeans curta e camiseta sem manga. O policial, como

Zwei Fotografien vom Natürlichen

Für Elisa Bracher, meine Schwester

In Abaetuba wurde ein dreizehnjähriges Mädchen tagelang an der Seite von zwanzig Männern im Gefängnis festgehalten. Da sie minderjährig ist, kennen wir weder ihr Gesicht noch ihren Namen. Von ihrer Gefangenschaft wurden zwei Fotografien veröffentlicht.

Eine zeigt die Zelle, in der sie gefangen war. Auf dem kleinen, schlechten Abzug sieht man durch die Zellengitter des Gefängnisses von Abaetuba auf eine Straße mit Häusern. Eine gewöhnliche Straße, unbefestigt, eine Straße mit gewöhnlichen Häusern. Jeden Tag rief und bat das Mädchen um Hilfe; vielleicht bei jeder Vergewaltigung, oder jedes Mal davor. Oder auch mit einem leisen Rufen auf die Straße hinaus, ganz leise, damit es keiner der Männer hörte.

Sie war so lange gefangen, bis einer der zwanzig Männer – einer, der sie so gut wie möglich beschützte, ohne, denn das war nicht möglich, die Serienvergewaltigungen zu verhindern, der ihr aber von seinem Essen gab und eine Ecke einrichtete, in der sie bleiben konnte, wenn sie nicht gerade missbraucht wurde –, bis dieser Mann freigelassen wurde. Noch vom Gefängnis aus hatte er jemandem vom Gericht geschrieben und die Lage geschildert, aber er besaß keine Geburtsurkunde des Mädchens, um zu beweisen, dass sie erst dreizehn Jahre alt war und dass es sie überhaupt gab. Als er das Gefängnis verließ, konnte er das Dokument auftreiben und erreichen, dass ein Richter die Freilassung des Mädchens anordnete.

Die Schreie und die Vergewaltigungen, davon haben wir gelesen, die Ohren der Bewohner der gewöhnlichen Häuser auf der unbefestigten Straße, die haben wir auf dem Foto gesehen.

Die andere Fotografie zeigt das Mädchen, wie es neben einem Polizisten geht. Sie ist klein, trägt einen kurzen Jeansrock und eine ärmellose Bluse. Wie das Mädchen ist der Polizist von

a menina, está de costas, pela sua postura e porte parece ser um homem jovem. Os dois andam na direção oposta ao fotógrafo. O comovente da foto é a mão do policial no ombro da menina e a mão pequena da menina na cintura do policial. Seu braço curto e fino precisa levantar-se um pouco para alcançar a cintura do homem que parece ser bom.

É um adulto caminhando ao lado de uma criança na acepção que conhecemos das palavras « adulto » e « criança », na acepção que queremos com toda a força do desejo de sermos bons e inocentes conhecer: um adulto e uma criança caminham juntos, um protege e outra é protegida de um jeito normal, comum. Ao ver a fotografia, dizemos que um adulto coloca sua mão no ombro de uma criança de forma Natural.

Depois de tudo, dos vinte homens e da rua de terra com casas comuns, isso é tocante. E, não é possível dizer por quê, o mais comovente na fotografia é a menina estar usando uma sandália de borracha, dessas de dedo. Por que isso é tocante? A saia jeans, a camiseta laranja, o uniforme cinza do homem jovem, e finalmente, a sandália de dedo da menina.

hinten zu sehen, seiner Statur und Haltung nach scheint er ein junger Mann zu sein. Sie laufen in die dem Fotografen entgegengesetzte Richtung. Das Ergreifende an diesem Foto sind die Hände, seine auf der Schulter des Mädchens, die kleine Mädchenhand um die Hüfte des Polizisten. Sie muss ihren kurzen, dünnen Arm strecken, um die Hüfte des Polizisten zu umfassen, der ein guter Mann zu sein scheint.

Er ist ein Erwachsener, der neben einem Kind geht, in dem Sinne, wie wir die Worte «Erwachsener» und «Kind» verstehen, in dem Sinne, wie wir sie verstehen wollen, da wir uns inständig wünschen, gut und unschuldig zu sein: Ein Erwachsener und ein Kind gehen gemeinsam des Weges, der eine beschützt, die andere wird beschützt, ganz normal und gewöhnlich. Wenn wir die Fotografie betrachten, können wir sagen, dass ein Erwachsener auf Natürliche Weise seine Hand auf die Schulter eines Kindes gelegt hat.

Da wir von allem wissen, von den zwanzig Männern und von der unbefestigten Straße mit den gewöhnlichen Häusern, berührt uns das. Es ist unmöglich zu sagen, warum, aber das Ergreifendste an der Fotografie ist, dass das Mädchen Gummischlappen trägt, die mit den Zehenriemen. Warum uns das berührt? Der Jeansrock, die orangefarbene Bluse, die graue Uniform des jungen Mannes und eben die Zehenschlappen des Mädchens.

DA PAZ

Eu não sou da paz. Não sou mesmo não. Não sou. Paz é coisa de rico. Não visto camiseta nenhuma, não, senhor. Não solto pomba nenhuma, não, senhor. Não venha me pedir para eu chorar mais. Secou. A paz é uma desgraça. Uma desgraça. Carregar essa rosa. Boba na mão. Nada a ver. Vou não. Não vou fazer essa cara. Chapada. Não vou rezar. Eu é que não vou tomar a praça. Nessa multidão. A paz não resolve nada. A paz marcha. Para onde marcha? A paz fica bonita na televisão. Viu aquele ator? Se quiser, vá você, diacho. Eu é que não vou. Atirar uma lágrima. A paz é muito organizada. Muito certinha, tadinha. A paz tem hora marcada. Vem governador participar. E prefeito. E senador. E até jogador. Vou não. Não vou. A paz é perda de tempo. E o tanto que eu tenho para fazer hoje. Arroz e feijão. Arroz e feijão. Sem contar a costura. Meu juízo não está bom. A paz me deixa doente. Sabe como é? Sem disposição. Sinto muito. Sinto. A paz não vai estragar o meu domingo. A paz nunca vem aqui, no pedaço. Reparou? Fica lá. Está vendo? Um bando de gente. Dentro dessa fila demente. A paz é muito chata. A paz é uma bosta. Não fede nem cheira. A paz parece brincadeira. A paz é coisa de criança. Tá uma coisa que eu não gosto: esperança. A paz é muito falsa. A paz é uma senhora. Que nunca olhou na minha cara. Sabe a madame? A paz é muito branca. A paz é pálida. A paz precisa de sangue. Já disse. Não quero. Não vou a nenhum passeio. A nenhuma passeata.

Marcelino Freire

Frieden

Bin nicht für Frieden. Bestimmt nicht. Ich nicht. Der ist was für Reiche. Will auch kein Shirt anziehen, bestimmt nicht. Und lass bestimmt keine Taube fliegen. Kommen Sie mir bloß nicht mit mehr Tränen. Bin längst vertrocknet. Frieden ist eine Schande. Soll sich schämen. Diese Rose rumzutragen. Die ist dämlich. Hat nichts damit zu tun. Ich geh nicht mit. Mach mich doch nicht lächerlich. Werd doch nicht beten. Ich? Werd doch nicht am Platz auftreten. So viele Leute. Frieden löst gar nichts, Frieden marschiert. Wohin? Sieht nett aus auf Sendung. Haben Sie auch den Schauspieler gesehen? Gehen Sie doch selbst, wenn Sie wollen, zum Teufel. Ich geh nicht. Mit meinen Tränen werfen. Der Frieden ist top organisiert. Immer, der Ärmste. Hat Termine. Der Gouverneur kommt. Der Bürgermeister. Ein Senator. Und sogar ein Weltmeister. Ich nicht. Ich geh nicht. Reine Zeitverschwendung. Zu viel zu tun. Nichts als Reis mit Bohnen, und dann noch das Nähen. Bin heut nicht bei Sinnen. Der Frieden macht mich krank. Wissen Sie, wie das ist? Lustlos. Tut mir leid. Sehr leid. Der Frieden verdirbt mir den Sonntag nicht. Er kommt nie in dieses Viertel, schon bemerkt? Bleibt da drüben. Sehen Sie? Die Menschenmenge? In der langen Schlange da. Der Frieden ist ziemlich hässlich. Ein Haufen Mist. So alt, dass er nicht mal mehr stinkt. Der Frieden ist ein schlechter Witz, der hinkt. Kinderkram. Es gibt was, was ich nicht ausstehen kann: Hoffnung. Frieden ist scheinheilig. Wie ein feiner Herr. Der mir noch nie ins Gesicht gesehen hat. Wissen Sie? Er ist auf der Hut. Und weiß. Käseweiß. Frieden braucht Blut. Wie gesagt. Ich geh nicht. Zu keinem Protest. Und auch nicht aufs Podest. Ich geh nicht. Keinen Schritt raus. Nicht mal als Leiche. Nicht

Não saio. Não movo uma palha. Nem morta. Nem que a paz venha aqui bater na minha porta. Eu não abro. Eu não deixo entrar. A paz está proibida. A paz só aparece nessas horas. Em que a guerra é transferida. Viu? Agora é que a cidade se organiza. Para salvar a pele de quem? A minha é que não é. Rezar nesse inferno eu já rezo. Amém. Eu é que não vou acompanhar andor de ninguém. Não vou. Não vou. Sabe de uma coisa: eles que se lasquem. É. Eles que caminhem. A tarde inteira. Porque eu já cansei. Eu não tenho mais paciência. Não tenho. A paz parece que está rindo de mim. Reparou? Com todos os terços. Com todos os nervos. Dentes estridentes. Reparou? Vou fazer mais o quê, hein? Hein? Quem vai ressuscitar meu filho, o Joaquim? Eu é que não vou levar a foto do menino para ficar exibindo lá embaixo. Carregando na avenida a minha ferida. Marchar não vou, ao lado de polícia. Toda vez que vejo a foto do Joaquim, dá um nó. Uma saudade. Sabe? Uma dor na vista. Um cisco no peito. Sem fim. Ai que dor! Dor. Dor. Dor. A minha vontade é sair gritando. Urrando. Soltando tiro. Juro. Meu Jesus! Matando todo mundo. É. Todo mundo. Eu matava, pode ter certeza. A paz é que é culpada. Sabe, não sabe? A paz é que não deixa.

mal, wenn er kommt und klopft, der Bleiche. Ich mach einfach nicht auf. Lass ihn nicht rein. Zutritt verboten. Der Frieden kommt nur dann. Wenn der Krieg woanders sein Spiel spielen kann. Klar? Jetzt will die Stadt die Ketten sprengen. Um die Haut von wem zu retten? Meine jedenfalls nicht. In dieser Hölle beten. Tu ich schon. Amen. Aber die Trage begleiten tu ich von niemandem. Tu ich nicht. Ich nicht. Wissen Sie was? Sollen die sich doch quälen. Genau. Sollen die die Stunden zählen. Den ganzen Nachmittag. Ich hab es satt. Keine Geduld. Gar keine. Der Frieden lacht sich ins Fäustchen über mich. In meinem Häuschen. Schon bemerkt? Mit allen Fasern lacht er. Allen Nerven. Gebleckten Zähnen. Schon bemerkt? Was soll ich denn noch tun? Hm? Sagen Sie mir das mal. Wer macht meinen Sohn wieder lebendig? Den Joaquim? Ich nehm doch kein Foto von dem Jungen mit. Um ihn da unten vorzuführen. Damit die auf offener Straße meine Wunde berühren. Ich werd nicht marschieren. Erst recht nicht vor der Polizei. Wenn ich das Foto von Joaquim anseh, bricht mein Herz entzwei. Sehnsucht. Wissen Sie? Schmerzen beim Sehen. Stiche in der Brust. Was für Schmerzen! Ohne Ende. Schmerzen, Schmerzen, Schmerzen. Ich will raus und hab Lust zu schreien. Brüllen. Schießen. Ich schwörs. Bei Gott! Alle killen. Alle. Ich würde sie töten. Können Sie mir glauben. Schuld ist der Frieden. Wussten Sie das? Nein? Der Frieden, der lässt's nicht zu.

[1]
« Se eu soubesse que iam chorar tanto,
teria me matado antes. »

[2]
Olhou o relógio.
Hora de cortar o pulso.

[3]
« Se existe vida após a morte,
de que adianta se matar? »

[4]
« Diz que me ama. »
« Aí é mais caro. »

[5]
Tinha idade para ser o avô dela.
E o pior que era.

Minigeschichten

[1]
« Wenn ich gewusst hätte, dass sie so sehr weinen,
hätte ich mich schon früher umgebracht. »

[2]
Sah auf die Uhr.
Zeit, sich die Pulsadern aufzuschneiden.

[3]
« Wenn es ein Leben nach dem Tod gibt,
warum sich umbringen? »

[4]
« Sag, dass du mich liebst. »
« Dann wird es aber teurer. »

[5]
Er hätte ihr Großvater sein können.
Und am schlimmsten ist, er war es auch.

Andressa é manquitola.
Gosta das fotografias onde se alguém é coxo, não se nota. É branca azeda, não sai no sol, o dia deixa ela mais manca; o passo pisca, a perna se envergonha do normal dos outros, caminha gaguejando. Andar em vez de ser reto, faz curva de anzol no sentido horário.

Porque não sai do casarão, onde mora com as primas e Juvêncio – o tio –, tem moleza no corpo, flacidez. Há bacharéis que a querem; seu dote é uma fazenda de gado, mato aparado pra boi não tropeçar. As axilas aparadas, lá boi não pasta. Tudo aparado pra vista só dela. Ninguém chega nela, Juvêncio não permite.

Pra Juvêncio nada muda tocar ou deixar disso, Andressa é criação ciscando pela propriedade. Ela escapole com a perna mais curta, faz poeira com o pé debaixo da mesa. Festa à noite, ela sentada pra não mancar, toalete no fim do baile pra ninguém ver o defeito. A brancura de linho para os garfos dos bacharéis; Juvêncio roendo perna de galinha, picando moela pra molhar no purê, café e compota no fim. As primas não falam, nelas o cortado foi a língua.

Andressa de Assis, registrada em cartório. Assis de pai, Andressa de mãe. Quica se corre, quica se fica.

Andréa del Fuego

Andressa Hinkebein.
Sie mag die Fotos, auf denen man nicht sieht, dass jemand hinkt. Sie ist käseweiß und geht nicht in die Sonne, am Tag fällt das Humpeln mehr auf; jeder Schritt blinzelt, das Bein schämt sich übers Normalsein der anderen und schlendert stotternd. Statt gerade zu bleiben, kurvt es einen Haken im Uhrzeigersinn.

Da sie den Gutshof nicht verlässt, wo sie mit den Basen und Onkel Juvêncio wohnt, ist ihr Körper weich und schlaff. Es gibt Junggesellen, die sie wollen; ihre Mitgift ist eine Rinderfarm, mit gestutztem Gestrüpp, damits Rind nicht stolpert. In den gestutzten Astachseln aber grasts nicht. Alles nur für ihren Blick gestutzt. Niemand macht sich an sie ran, Juvêncio erlaubts nicht.

Für Juvêncio ists gleich, ob gegrapscht wird oder nicht, Andressa ist seine Aufzucht, die übers Gut scharrt. Sie entwischt mit dem kürzeren Bein, wirbelt mit dem Fuß Staub auf unterm Tisch. Abends beim Fest bleibt sie sitzen, um nicht zu humpeln, zur Toilette gehts nur nach dem Tanz, damit man die Macke nicht sieht. Das Leintuch ist weiß für die Gabeln der Junggesellen; während Juvêncio am Hühnerbein nagt, im Hühnerklein pickt, ums ins Püree zu tunken; dann Kaffee und Kompott. Die Basen sprechen nicht, bei ihnen ists die Zunge, die abgeschnitten wurde.

Andressa de Assis, so ist sie gemeldet. Assis vom Vater, Andressa von der Mutter. Sie zuckt, wenn sie rennt, sie zuckt, wenn sie steht.

A OMOPLATA É A FERIDA DA ASA, o lugar da cicatriz ancestral. Ao nascer, o trauma é no umbigo, onde nos amputaram as pernas. Andaríamos pela barriga, as canelas juntas e adultas equilibrariam o tronco. Pernas a asa direita, braços a esquerda; girando as duas levantaríamos. Mas assim, nascido e criado com o umbigo para a frente, dando mole o meu corte mais evidente, só posso caminhar. Voar ficou antiquado na espécie, eu mesmo não costumo abrir os cotovelos, esquina do vôo. A envergadura é curta, erro da evolução foi esticar o homem na vertical. O alto mantém a cabeça aprumada conforme a vértebra, enverga os altos, achata os baixos. Não levantamos do chão porque é ele o pássaro, com pressa de se livrar do homem, pulga de suas penas.

SEI QUE O VERÃO ESTÁ A PINO quando a boca transpira, salivo. No apartamento a maresia chora, quer que eu vá pra orla. O verão exige atenção, estendo o lençol na areia, me deito e te espero. Não quero sombra, senão confundo teu paladar. O vento é um gourmet de mulheres, se deita nas adocicadas, passa ao largo das amargas. Podia me soprar nem que fosse à noite, pra esfriar a carne e não queimar a boca do homem que escolhi. Você virá, uma hora sopra o vento solar. Mudo de posição pra dourar as costas, me lambuzo com mel e cenoura. O sol sabe que meu sabor é saudade, não oferenda.

Das Schulterblatt ist die Wunde vom Flügel, Stelle der uralten Narbe. Bei der Geburt ein Trauma am Nabel, wo sie uns die Beine amputiert haben. Wir gingen sonst auf dem Bauch, die zusammengelegten, kräftigen Schienbeine balancierten den Rumpf. Die Beine als rechten Flügel, die Arme als linken; beide Flügel kreisend stiegen wir auf. Aber so, geboren und erzogen mit dem Nabel vorn, meinen sichtbarsten Schnitt präsentierend, kann ich nur laufen. In der Gattung wurde Fliegen altmodisch, ich selbst fahre die Ellbogen, die Flugecken, gewöhnlich nicht aus. Die Spannweite ist kurz, ein Evolutionsfehler, dass der Mensch in die Vertikale gestreckt wurde. Die höhere Macht hält Wirbel für Wirbel den Kopf aufrecht, beugt die Großen und drückt die Kleinen nieder. Wir heben nicht vom Boden ab, weil eben sie der Vogel ist, voller Ungeduld, sich vom Menschen freizumachen, diesem lästigen Floh in ihren Federn.

Ich weiss, der Sommer ist auf seinem Höhepunkt, wenn mein Mund schwitzt und Spucke sammlt. In der Wohnung ruft die Brandung, will, dass ich zum Strand gehe. Der Sommer verlangt Beachtung, ich breite das Tuch im Sand aus, lege mich hin und warte auf dich. Ich will nicht in den Schatten, sonst verwirre ich noch deinen Geschmack. Bei Frauen ist der Wind ein Feinschmecker, er schmiegt sich an die Süßen, die Bitteren streift er kaum. Er dürfte mich selbst nachts anhauchen, damit das Fleisch abkühlt und der Mund des Mannes, den ich gewählt habe, nicht anbrennt. Du wirst kommen, irgendwann weht der Sonnenwind. Ich drehe mich, um meinen Rücken zu bräunen, schmiere mich mit Honig und Karotte ein. Die Sonne weiß, dass ich nach Sehnsucht schmecke, nicht nach Opfergabe.

Tenho amiga que dorme com uma dentro da gaveta, já peguei numa, automática. Mirei a parede. Na extremidade das mãos deu-me sede de fazê-la funcionar, sem o silenciador. Com ela o medo se engraça, fria, réptil, em punho. A coragem é amorfa, os metais lhe definem a face. Não querendo ferir, não vista o coldre. Às aljavas, as setas.

Ela cabe nessa caixinha de fósforo, deite--a de bruços e esfregue as costas com a ponta do palito, ela tem cócegas. A coluna é igual à da sardinha, sai do corpo com um garfo. Cuidado com a tampa, dois furos e ela respira, feche-a com durex. Passe a fita também pelas pernas, ela pode chutar a tampa achando que é a porta. Enfie no bolso, o furado. A caixinha vai descer, tua perna servirá de elevador, irá ao térreo sem ter posto nela as mãos. Alguém a chutará, algum rato a salvará do pisoteamento, abrigando-a no pátio interno das calçadas.

Ich habe eine Freundin, die schläft mit einer in der Schublade, habe sogar schon mal eine angefasst, eine automatische. Und auf die Wand gezielt. In den Fingerspitzen verspürte ich Lust, sie losgehen zu lassen, ohne Schalldämpfer. Die Angst stellt sich gut mit ihr, diesem kalten, gezückten Reptil. Mut ist formlos, erst das Metall bestimmt seine Züge. Ist keine Verletzung erwünscht, nicht das Halfter anlegen. Ohne Köcher keine Pfeile.

Sie passt in diese Streichholzschachtel hier, lege sie auf den Bauch und streiche mit der Zahnstocherspitze über ihren Rücken, sie ist kitzlig. Ihre Wirbelsäule gleicht der einer Sardine, ist leicht mit einer Gabel aus dem Körper zu holen. Vorsicht mit dem Deckel, zwei Löcher und sie kann atmen, aber verschließe ihn mit Tesa. Umwickle mit dem Klebeband auch ihre Beine, sie könnte den Deckel sonst auftreten, weil sie ihn für die Tür hält. Stecke sie in die Hosentasche, die mit den Löchern. Die Schachtel wird hinabgleiten – dein Bein als Aufzug – und ins Parterre gelangen, ohne dass du sie angefasst hättest. Irgendjemand wird sie forttreten, und eine dahergelaufene Ratte wird sie vor dem Getrampel retten und im Innenhof der Pflastersteine unterbringen.

Ivana Arruda Leite

O sabonete das estrelas

Ainda era noite quando meu pai pegava o caminhão e passava pelos açouges da cidade catando ossos. Ele mesmo ajeitava a carga e só voltava pra casa com a carroceria lotada. Uma montanha de ossos sujos de sangue com pedaços de carne pendurada, ossos recém-desossados. De boi. De vaca. Com uma pá, ele colocava os ossos na autoclave e aquilo fervia o dia inteiro. Um fedor dos diabos. Depois da fervura, o caldo grosso e amarronzado era despejado em enormes latões que ficavam a céu aberto para esfriar. Meu pai me levantava no colo para ver a gordura ficando espessa, tomando consistência. Com a carroceria lotada de latões, ele vinha pra São Paulo vender o sebo a uma fábrica de sabonete. O sabonete das estrelas. Lá de longe, quando eu via as estrelas esfregando o sabonete como se fosse coisa muito linda, eu dava risada sozinha. Só eu e meu pai sabíamos o segredo: o sabonete das estrelas era feito de osso sujo de sangue e tinha um fedor desgraçado. De boi. De vaca.

Ivana Arruda Leite

Die Seife der Stars

Es war noch dunkel, wenn mein Vater morgens mit dem Lastauto losfuhr, um die Metzgereien der Umgebung nach Knochen abzuklappern. Er schichtete sie selbst auf und kam erst mit voller Ladefläche wieder nach Hause. Berge von blutverschmierten Knochen, an denen Fleischfetzen hingen, gerade erst ausgelöste Knochen. Von Ochsen. Von Kühen. Mit einer Schaufel warf er die Knochen in den Dampfkessel, in dem sie dann den ganzen Tag siedeten. Ein höllischer Gestank. Um abzukühlen, wurde die dicke braune Brühe nach dem Sieden in riesige Messingkübel gegossen, die unter freiem Himmel standen. Mein Vater hob mich hoch, damit ich sah, wie das Fett fest und zäh wurde. Mit der Ladefläche voller Kübel fuhr er nach São Paulo und verkaufte den Talg an eine Seifenfabrik. Die Seife der Stars*. Wenn ich den Stars dabei zusah, wie sie sich in der Ferne mit der Seife einrieben, als wäre es etwas Wunderschönes, lachte ich in mich hinein. Nur ich und mein Vater kannten das Geheimnis: Die Seife der Stars war aus blutverschmierten Knochen gemacht und stank fürchterlich. Nach Ochsen. Nach Kühen.

* Werbeslogan für die Seife Lux (früher: Luxor) im Rahmen einer Jahrzehnte währenden weltweiten Kampagne, bei der Stars für die Seife warben.

Dulcora

Nesta rua, em algum apartamento desta rua, em algum quarto deste apartamento, há uma mulher alisando os pêlos, gemendo de amor sozinha. Longe daqui, em alguma outra rua, em outro apartamento dessa mesma rua, em frente a um televisor, há um homem fumando calmamente. Sobre a mesinha, um drops de hortelã pela metade.

A Lua-de-mel da Bela Adormecida

Na manhã seguinte, a alegria de Amelinha foi descobrir que o fuso da roca da Bela Adormecida não serve só pra furar o dedo e fazer sangrar a princesinha. Ele também serve pra fiar.

Gilda

Nunca houve mulher como Gilda. Ruim como a peste. Seu prazer era atazanar a vida de quem estivesse ao redor. Na hora de escolher a profissão, foi ser manicure. Sangrava as clientes de propósito só para vê-las pulando na cadeira. Um dia foi chamada para fazer o pé de Damião. Achou o pé do rapaz tão lindo, tão macio, que não teve coragem de feri-lo. Pela manhã, ao vê-lo nu sobre a cama, comentou como se fosse sem querer: sabe que eu pensei que seu pinto fosse maior?

Drops

In dieser Straße, in einer Wohnung in dieser Straße, in einem Zimmer in dieser Wohnung streicht eine Frau ihr Schamhaar glatt, seufzt vor Liebe, allein. Weit von hier, in einer anderen Straße, in einer Wohnung in einer anderen Straße, sitzt ein Mann vor dem Fernseher und raucht entspannt. Auf dem Couchtisch ein halber Minzdrops.

Dornröschens Flitterwochen

Am nächsten Morgen entdeckte Amelinha mit Freude, dass man mit Dornröschens Spindel nicht nur den Finger stechen und die junge Prinzessin zum Bluten bringen kann. Man kann damit auch spinnen.

Gilda

Noch nie hat es eine Frau wie Gilda gegeben. Unausstehlich wie die Pest. Es bereitete ihr ein besonderes Vergnügen, die Menschen um sie herum zu schikanieren. Als es darum ging, einen Beruf zu wählen, wurde sie Maniküre. Sie ließ die Kundinnen absichtlich bluten, nur damit sie einen Satz im Stuhl machten. Eines Tages sollte sie Damiãos Fuß behandeln. Sie fand den Fuß des Jungen so schön, so zart, dass sie nicht den Mut fand, ihn zu verletzen. Am Morgen, als sie ihn nackt auf dem Bett liegen sah, bemerkte sie wie zufällig: Weißt du, dass ich dachte, dein Pimmel wäre größer?

Joelma

Joelma tinha vinte e três anos. O nome viera-lhe em homenagem. Quando a mãe saiu viva do terrível incêndio, jurou à santa padroeira que daria à filha o nome do milagre. Ontem o namorado de Joelma ensopou-a de álcool e ateou fogo. O corpo sumiu dentro das labaredas. O rapaz ainda não foi encontrado.

Natureza morta

A fruteira sobre a mesa. Dentro, três frutas de cera: vermelha, verde e amarela. Ao redor, duas cadeiras, uma delas vazia. Pela janela, a montanha envelhecida. Mais além, o céu azul. No fundo do vale, duas linhas: uma curva, por onde corre o rio, outra reta, onde tem sempre um trem vindo em minha direção. O trem põe o focinho pra fora, rato imenso, furibundo, ciscando o chão com patas de ferro. Dentro da barriga do trem, um povaréu, o mundo inteiro, menos João. De tanto não vir, João pregou-me nesta paisagem feito um crucifixo.

Joelma

Joelma war dreiundzwanzig. Ihr Name eine Huldigung*. Die Mutter hatte den entsetzlichen Brand überlebt und der Schutzheiligen versprochen, die Tochter nach dem Wunder zu benennen. Gestern hat Joelmas Geliebter sie mit Alkohol übergossen und angezündet. Ihr Körper verschwand in den Flammen. Der Junge ist noch immer nicht gefunden worden.

Stillleben

Ein Obstkorb auf dem Tisch. Darin drei Früchte aus Wachs: rot, grün und gelb. Am Tisch zwei Stühle, einer davon leer. Durch das Fenster die gealterten Berge. Und darüber der blaue Himmel. Am Grunde des Tals zwei Linien: eine gewundene, auf der der Fluss verläuft, eine gerade, auf der stetig ein Zug in meine Richtung fährt. Mit dem Schnäuzchen voran, eine fette Ratte, die mit Eisenpfoten wütend im Boden scharrt. Im Bauch des Zuges Gesindel, die ganze Welt, nur kein João. Mit seinem ewigen Nichtkommen hat João mich an diese Landschaft genagelt: ein Kruzifix.

* Im Jahr 1974 gab es in einem Gebäude in der Stadt São Paulo, dem Edifício Joelma, einen entsetzlichen Brand, bei dem 187 Menschen starben und über 300 Personen verletzt wurden.

Raquel Hannerman

Raquel cumprimentou o porteiro do prédio e saiu a pé como faz todo dia, nesse mesmo horário. Num vestido elegante e discreto, a senhora de cabelos brancos foi em direção à padaria. A melhor do bairro. Lá chegando, encostou-se no balcão à espera do garçom. Ele apanhou a garrafa de 51 e encheu um copo americano que ela secou em três goles. Depois pediu dois pães bem clarinhos, pagou a conta e se foi. Samuel a espera para o café-da-manhã. É assim há quarenta anos. Antes do almoço ela voltará para mais uma dose. Antes do jantar, a última. Uma única vez ele perguntou por que Raquel não comprava pão para o dia inteiro. Contentou-se com a resposta e nunca mais tocou no assunto.

A verdadeira tragédia

Jamais esquecerei aquele 11 de setembro. Quando acordei, estranhei que Hugo ainda estivesse em casa. Normalmente, ele já teria tomado banho, feito o café e saído para o trabalho. Mas não, ainda estava lá, sentado na sala, de camisa esporte.

«Precisamos conversar», ele disse.

«Fala», respondi com a boca seca.

«Eu estou indo embora.»

Sem querer ouvir o resto, levantei-me e fui à cozinha. Debrucei-me sobre a pia com o corpo tremendo. Pensei em pegar uma faca.

Raquel Hannerman

Raquel grüßte den Pförtner des Wohnhauses und trat hinaus, wie jeden Tag um diese Zeit. Vornehm und unauffällig gekleidet ging die weißhaarige Dame zur Bäckerei, der besten im Viertel. Dort angekommen lehnte sie sich an den Tresen und wartete auf den Kellner. Der griff zur Cachaça 51* und befüllte ein Wasserglas, das sie mit drei Schlucken hinunterkippte. Dann bestellte sie zwei schön helle Brötchen, bezahlte und ging wieder. Samuel wartet mit dem Frühstück. So ist es seit vierzig Jahren. Vor dem Mittagessen geht sie auf eine zweite Runde. Vor dem Abendessen die letzte. Ein einziges Mal fragte er, warum Raquel nicht gleich Brot für den ganzen Tag besorge. Er gab sich mit der Antwort zufrieden und sprach nie wieder darüber.

Die wahre Tragödie

Nie werde ich jenen 11. September vergessen. Als ich aufwachte, wunderte ich mich, dass Hugo immer noch zu Hause war. Normalerweise hätte er schon geduscht und Kaffee gemacht, wäre längst auf dem Weg zur Arbeit. Aber nein, er war noch da, saß im Polohemd im Wohnzimmer.

«Wir müssen reden», sagte er.

«Dann sprich», antwortete ich mit trockenem Mund.

«Ich haue ab.»

Mehr wollte ich nicht hören, stand auf und ging in die Küche. Ich beugte mich am ganzen Leib zitternd übers Waschbecken, dachte daran, nach einem Messer zu greifen.

* ausgesprochen: Kaschassa, brasilianischer Zuckerrohrschnaps

« A chave está na mesinha » ele disse lá da sala.

Foi a última vez que ouvi sua voz. Soube depois que, nesse mesmo dia, aconteceu um acidente terrível em Tóquio ou Nova Iorque. Um avião egípcio bateu numa torre e derrubou uma antena de televisão. Não sei direito como foi a tragédia, mas duvido que tenha sido pior do que a minha.

«Der Schlüssel liegt auf dem Beistelltisch», rief er vom Wohnzimmer herüber.

Das war das letzte Mal, dass ich seine Stimme hörte. Später erfuhr ich, dass sich am selben Tag in Tokio oder New York ein schrecklicher Unfall ereignet hatte. Ein Flugzeug aus Ägypten stieß gegen einen Turm und riss eine Fernsehantenne mit. Ich weiß nicht genau, wie die Tragödie ablief, aber ich bezweifle, dass sie schlimmer war als meine.

Adriana Lisboa

Quintais

Na casa do meu avô, havia quatro quintais.

No principal, o portão se abria para a rua, e ali ficava a casa propriamente dita, e por cima do muro baixo a gente via as cabeças das pessoas que passavam pela rua, sempre tão devagar. Às vezes vinha dar na varanda o cheiro do rio, um cheiro de pano e de barro. Na garagem descoberta, sobre os cascalhos, ficava a Variant marrom do meu avô.

À esquerda, separado por um muro com uma passagem, ficava o universo dos abacateiros e do Petit Trianon. Nós apanhávamos abacates para fazer boizinhos com palitos de fósforo. O Petit Trianon eu não me lembro para que servia, era um quartinho quase sempre fechado. Mas eu sonhava com ele.

À esquerda, separado por outro muro com outra passagem, ficava um universo híbrido em que cabiam orquídeas numa estufa, galinhas, goiabeiras e um pé de romã quase esquecido, lá no fundo, longe de tudo. Era o quintal mais colorido. Uma vez minha irmã caiu de uma goiabeira, a barriga enterrou numa torneira e ela foi parar no hospital.

À direita do quintal principal, ficava o último, e quase proibido. Havia o muro, mas na passagem se abria um portãozinho baixo de madeira, que às vezes a gente pulava por prazer. Lá só havia mato. Árvores altas, sombras, coisas indizíveis se arrastando junto às raízes, barulhos de insetos que nunca existiram de se ver. Lá fazia calor e férias, invariavelmente,

Adriana Lisboa

Höfe

Das Haus meines Großvaters hatte vier Höfe.

Vom Haupthof ging das Tor zur Straße hinaus, und dort stand auch das eigentliche Haus. Über die Mauer hinweg sahen wir die Köpfe der Leute, die, stets langsam, die Straße entlangliefen. Manchmal drang der Geruch vom Fluss zur Veranda herauf, ein Geruch von Tuch und Lehm. Auf dem Stellplatz mit Kies stand der braune Variant meines Großvaters.

Links, hinter einer Mauer mit einem Durchgang, lag die Welt der Avocadobäume und des Petit Trianon. Wir pflückten die Avocados, um mit Streichhölzern kleine Rinder zu basteln. Wozu das Petit Trianon diente, erinnere ich mich nicht, es war eine Kammer, die so gut wie immer verschlossen blieb. Aber ich träumte davon.

Links, hinter einer weiteren Mauer mit einem weiteren Durchgang, lag eine schillernde Welt von Orchideen im Gewächshaus, Hühnern, Guavenbäumen und ganz hinten, weitab von allem anderen, einem so gut wie vergessenen Granatapfelbäumchen. Das war der farbenprächtigste Hof. Einmal fiel meine Schwester von einem Guavenbaum, blieb mit dem Bauch an einem Wasserhahn hängen und landete im Krankenhaus.

Rechts vom Haupthof lag der letzte, so gut wie verbotene Hof. Auch hier gab es eine Mauer, aber mit einem niedrigen Holztürchen im Durchgang, über das wir manchmal aus purem Vergnügen hüpften. Dahinter nur Dickicht. Hohe Bäume, Schatten, unaussprechliche Dinge, die bei den Wurzeln herumkrochen, Lärm von Insekten, die man nie zu Gesicht bekam. Dort herrschten Hitze und Ferienstimmung, immer,

mas também podia cair chuva, e a chuva ficava guardada para os nossos pés no tapete de folhas verdes, de frutos podres, de vermes lentos e moles.

Os quatro quintais da casa do meu avô arrumaram-se numa bússola, e quando eu pisei pela primeira vez numa caravela fervilhando de adultos, a estava levando no bolso. Se não como guia, ao menos como amuleto.

aber es konnte auch regnen, dann wurde der Regen im Teppich aus grünen Blättern, verfaulten Früchten und glibbrigen, kriechenden Würmern für unsere Füße aufbewahrt.

Die vier Höfe um das Haus meines Großvaters richteten sich in einem Kompass ein, und als ich das erste Mal in eine von Erwachsenen nur so wimmelnde Karavelle stieg, nahm ich ihn in meiner Hosentasche mit. Wenn nicht als Führer, so doch immerhin als Glücksbringer.

Tristeza

Ela desce os degraus estranhos e chega à sala estranha onde todas as portas estão trancadas e todas as janelas estão fechadas. Gira um ferrolho, sai, senta-se no chão com o corpo apoiado numa das colunas da varanda. É tarde, mas as nuvens clareiam o céu noturno e deixam tudo pálido e opaco. O céu é imenso e as mangueiras são negras. Chove tão fino que os pingos sobre seus pés nus parecem suaves picadas de agulhas. Um risco alaranjado corre no céu e explode em mil centelhas, sem fazer ruído.

Em noites assim, até os fogos de artifício são silenciosos.

Quintal

para Wilson e Isaltina

Cinco minutos de chuva. Ninguém tirou as roupas do varal. Duas colchas brancas, uma toalha de banho cor-de-rosa. Um short e uma camiseta de criança. Uma calça e um par de meias. A haste do meio oscila para um lado, para o outro. O sol voltou a brilhar e as palmeiras projetam sombras aveludadas sobre a grama brilhante. O muro está sujo de terra na parte mais baixa. Uma pilha de tijolos e três estacas de madeira onde crescem os pepinos. As colchas brancas cintilam, no varal, e o verão nasce na voz das cigarras.

Traurigkeit

Sie steigt die fremden Stufen hinab und gelangt in den fremden Raum, dessen Türen alle abgesperrt, dessen Fenster alle geschlossen sind. Sie dreht an einem Riegel, geht hinaus, setzt sich auf den Boden und lehnt sich an eine der Säulen auf der Veranda. Es ist Abend, aber die Wolken hellen den nächtlichen Himmel auf und lassen alles blässlich und trüb erscheinen. Der Himmel ist unermesslich, und die Mangobäume sind schwarz. Es regnet so fein, dass sich die Tropfen auf ihren nackten Füßen wie sanfte Nadelstiche anfühlen. Ein orangefarbener Streifen fegt über den Himmel und zerbirst geräuschlos in tausend Funken.

In solchen Nächten sind selbst die Feuerwerke nicht zu hören.

Hinterhof

für Wilson und Isaltina

Fünf Minuten Regen. Niemand hat die Wäsche von der Leine genommen. Zwei weiße Decken, ein rosa Badetuch. Shorts und ein Kinderhemd. Eine Hose und ein paar Socken. Der Pfosten in der Mitte schwankt von einer Seite zur anderen. Die Sonne strahlt wieder, und die Palmen werfen samtene Schatten auf die glänzende Wiese. Der untere Teil der Mauer ist lehmverschmutzt. Ein Stapel Ziegel und drei Holzstreben, an denen Gurken wachsen. Die weißen Decken glitzern an der Leine, und mit den Stimmen der Zikaden beginnt der Sommer.

No banco de trás do carro, meu filho dorme. Estacionamos em frente ao supermercado. Precisamos comprar para ele uma bola de futebol que não seja de couro, porque as de couro são muito pesadas. Na semana passada eu vi no supermercado umas bolas de futebol coloridas. Multicoloridas. Roxo, amarelo, azul, acho que ele vai gostar.

Espero no carro pelo pai do meu filho, que vai procurar a bola. Baixo os vidros das janelas, entreabro as portas e espero. Ligo o rádio e um solo de oboé sublinha muito discreto o que vejo – as pessoas indo e vindo no estacionamento do supermercado, um azul domingo no céu. Carrinhos de compras cheios. Ouço uma frase num tom mais alto de voz, um tom aborrecido. Ouço uma gargalhada. À minha frente, na parede de pedra, as sombras deixam vazar um polígono de luz que vai sem pressa mudando de lugar.

Chegam os dois: o menino gordinho de camiseta cinza e a mulher que me parece muito jovem para ser mãe dele mas nunca se sabe. Ela sugere que se sentem um pouco para descansar, no muro baixo. Sentam-se. O menino gordinho está muito suado e fica brincando de olhar ao redor sempre com um olho fechado. Os dois sentam-se ali por cinco, dez minutos. Depois a mulher sugere, vamos?, e ele aquiesce em silêncio, ainda com um olho fechado e uma expressão gozada na boca, um meio sorriso torto e desleixado.

O solo de oboé há muito já deu lugar a uma grande orquestra. Desligo o rádio e espero pela bola colorida de futebol. No banco de trás do carro, meu filho dorme.

Abenteuer

Auf dem Rücksitz schläft mein Sohn. Wir parken vor dem Supermarkt. Wir müssen ihm einen Fußball besorgen, der nicht aus Leder ist, weil die aus Leder so schwer sind. Letzte Woche habe ich im Supermarkt bunte Fußbälle gesehen. Sehr bunte. Rot, gelb, blau, ich denke, das wird ihm gefallen.

Ich warte darauf, dass der Vater meines Sohns mit dem Ball zurückkommt. Ich kurble das Fenster herunter, öffne die Autotür einen Spalt weit und warte. Schalte das Radio ein, und ein Oboensolo unterstreicht unauffällig, was ich sehe – das Kommen und Gehen der Leute auf dem Parkplatz, ein sonntägliches Blau am Himmel. Volle Einkaufswagen. Ich höre einen mit sehr hoher Stimme und in gelangweiltem Ton gesprochenen Satz. Höre ein Lachen. Aus dem Schatten vor mir an der Steinmauer löst sich ein vieleckiger Lichtfleck und wandert ohne Eile weiter.

Zwei kommen: ein dicklicher Junge in grauem T-Shirt und eine Frau, die mir zu jung erscheint, um seine Mutter zu sein, aber man weiß ja nie. Sie schlägt vor, sich auf die niedrige Mauer zu setzen, um ein bisschen zu verschnaufen. Sie setzen sich. Der dickliche Junge ist verschwitzt und sieht sich zum Spaß mit einem zugekniffenem Auge um. Die zwei sitzen dort, fünf, zehn Minuten. Dann sagt die Frau «Gehen wir?», und er stimmt schweigend zu, immer noch mit zugekniffenem Auge und verschmitztem Zug um den Mund, ein verzerrtes und herabhängendes, halbes Lächeln.

Das Oboensolo ist längst einem großen Orchester gewichen. Ich schalte das Radio aus und warte auf den bunten Fußball. Auf dem Rücksitz schläft mein Sohn.

Densidade

No meio do caminho tinha uma pedra porosa. Dava para ver seus grãos. Chegando mais perto, raios finíssimos de sol atravessavam a pedra. Mais perto ainda, um turbilhão, um pequeno redemoinho (uma galáxia minúscula) se movia lá dentro, no leve corpo da pedra.

A pedra, no meio do caminho, era permeável: se chovesse, ficava encharcada. O vento a enchia de poeira, pólen e cadáveres de insetos. O calor do meio-dia a deixava com sono e sede. A neblina que às vezes baixava no fim da tarde invadia a pedra, no seu corpo as nuvens trafegavam sem pressa. Os sons passavam por ela e iam se extinguir em algum lugar desconhecido. Na pequena galáxia dentro da pedra havia pequenos planetas orbitando em torno de sóis de diamante.

Dichte

Mitten im Weg lag ein löchriger Stein. Man konnte seine Körnchen sehen. Kam man näher, durchdrangen feinste Sonnenstrahlen den Stein. Noch näher, sah man innen einen Strudel sich drehen, einen kleinen Wirbel (eine Minigalaxie) im leichten Körper des Steins.

Der Stein, mitten im Weg, war porös: Wenn es regnete, war er völlig durchnässt. Der Wind trieb Schmutz, Blütenstaub und Insektenkadaver in ihn hinein. Die Mittagshitze machte ihn müde und durstig. Der Nebel, der sich manchmal nachmittags senkte, kroch in den Stein, in seinem Innern segelten die Wolken ohne Eile. Die Töne gingen durch ihn hindurch und verhallten erst an einem unbekannten Ort. In der kleinen Galaxie im Stein kreisten kleine Planeten um Diamantsonnen.

Zulmira acordou. Acordou, já que nada mostrasse o contrário, apesar de se dizer, antes do almoço, uma mera coisa entre as coisas da cozinha do apartamento. Apesar do rádio. Como se entendesse das cortinas. Como se o sol só lhe existisse ao meio-dia. Zulmira estava com tudo o que, sem movimento, parecesse algo que desse atenção … uma concha que lhe refletisse o rosto … E que ficasse sempre bem claro que nada apontava aí, nesse desentendimento matutino, contra os patrões. Mas que não percebessem que durante o café ela estava sempre, apesar do bule na mão, «dormindo feito vaca de leite».

Na hora do almoço, no elevador, acordaram-na definitivamente as crianças. Ao chegar com elas da escola, lavaram o rosto e vieram beijá-la, o que faziam até com muita satisfação, mesmo que só estivesse ali há poucos cinco meses. Só não o faziam na rua.

À tarde, então, as crianças presas em algum brinquedo, prosseguiu seu empenho diário em um pouco de suas próprias vontades. Lavando os banheiros, molhou-se bastante. Entre as roupas da patroa, experimentou algumas (rasgava-as às vezes e as cerzia e se continha para não as meter todas à tesoura). E que sempre pudessem comprar muitas mais. Espalhou os jornais em busca de ideias para montar um negócio: carrocinhas, bolsas, cadeados … Conferiu os números dos jogos que não fazia … Mas não demorou muito nisso, pois agora havia o rádio. Pôs o volume quase no máximo. Levou-o ao banheiro com o cuidado de não o molhar. Mas evitava ouvir músicas. Achava toda música um tipo de proposta triste, que

Zulmira wachte auf. Sie erwachte, wie es aussah, obwohl sie sich den Vormittag über wie ein Ding zwischen den Küchendingen fühlte. Obwohl das Radio lief. Als würde sie die Gardinen verstehen. Als gäbe es für sie erst mittags Sonne. Zulmira hatte es mit allem, was ihr, ohne sich zu regen, Aufmerksamkeit zu schenken schien … eine Kelle, die ihr Gesicht spiegelte … Dass aber ja klar wäre, dass nichts an dem morgendlichen Missverständnis gegen die Herrschaften gerichtet war. Dass sie bloß nicht merkten, wie sie beim Frühstück noch immer, mit dem Kaffeekännchen in der Hand, schlief «wie eine milchgebende Kuh».

Mittags im Aufzug weckten die Kinder sie endgültig. Wenn sie mit ihr von der Schule heimkehrten, wuschen sie sich das Gesicht und kamen, um sie zu küssen, erstaunlicherweise sogar sehr gerne, obwohl sie gerade mal seit fünf Monaten da war. Nur nicht auf der Straße.

Am Nachmittag dann, die Kinder ins Spiel vertieft, ging sie mit ein wenig eigenem Willen ihrem Alltagskram nach. Beim Badputzen wurde sie fürchterlich nass. Sie probierte Kleidungsstücke der Hausherrin an (manchmal zerrissen sie, dann flickte sie sie und nahm sich zusammen, um nicht alle der Schere zu opfern). Dass sie nur ja immer mehr kaufen konnten. Sie breitete die Zeitungen aus, auf der Suche nach einer Geschäftsidee: fahrende Stände, Taschen, Vorhängeschlösser … Sie sah sich die Gewinnzahlen der Spiele an, auf die sie nie setzte … Aber lange hielt sie sich nicht auf, denn da gab es noch das Radio. Sie stellte es auf nahezu volle Lautstärke, nahm es mit ins Badezimmer und achtete darauf, dass es nicht nass wurde. Aber sie vermied es, Musik zu hören. Lieder waren für sie eine Art trauriges Ver-

ninguém sabia resolver, o que explicava o fato de cada uma ficar se repetindo tantas vezes no rádio.

Com o aparelho, por algumas semanas vinha despertando mais cedo e rendendo até mais nos serviços. Só não esperava que a baixa qualidade de suas peças fosse justificar seu baixo preço e que naquele dia mesmo não mais voltasse a falar.

Naquela noite, Zulmira dormiu mais cedo.

Zulmira acordou mais tarde, apesar das buzinas e de uma britadeira forçando-lhe a manhã.

Mas algo mais, de pavor: entre as coxas e o lençol, a cabeça do patrão, a boca escancarada, as mãos pegadas em suas costas. Levantou-se, com toda a fúria de braços e pernas, totalmente, até ter certeza de vê-lo no chão. Mas ele não se feriu:

« Você não me diz o que quer... »

« Eu quero trocar a roupa pra ir fazer o café. O senhor sai pra trabalhar ou vai querer alguma coisa? »

Ele se levantou com sarcasmo:

« Sua sorte é que fico tonto quando volto do navio. » E já entre a área de serviço e a cozinha: « Amanhã você é quem acorda com a cabeça entre as minhas pernas... »

O pavor dela ali era, no final, muito parecido com o da patroa. A diferença é que tinha o consolo de se imaginar um dia contando tudo para a outra, o que a patroa nunca faria com ela. Mas pensar nisso não diminuía seu pavor:

« Minha vida não é muito mais que isso. »

Assim, mais tarde, novamente não contava nada

sprechen, das niemand einlösen konnte, was auch erklärte, warum sie so oft im Radio wiederholt wurden.

Dank des Apparats wachte sie seit einigen Wochen früher auf und erledigte sogar den Haushalt besser. Sie hatte nur nicht erwartet, dass die schlechte Qualität der Lieder seinen Schleuderpreis rechtfertigen würde, und dass er ausgerechnet an diesem Tag keinen Ton mehr von sich gab.

An diesem Abend schlief Zulmira früher ein.

Zulmira wachte später auf, obwohl lautes Hupen und ein Presslufthammer ihr den Morgen aufdrängten.

Aber da war noch was, ein Grauen: Zwischen ihren Schenkeln und dem Laken steckte der Kopf des Hausherrn, den Mund sperrangelweit offen, die Hände in ihren Rücken gekrallt. Sie sprang mit der ganzen Wucht auf, die ihre Arme und Beine hergaben, bis sie sicher war, dass er auf dem Boden lag. Aber ihn focht das nicht an:

« Du hast mir nicht gesagt, was du willst ... »

« Ich will mich umziehen, um Kaffee zu machen. Gehen Sie arbeiten oder wünschen Sie noch was? »

Er stand auf und sagte sarkastisch:

« Dein Glück, dass mir immer schwindlig ist, wenn ich vom Schiff komme. » Und, bereits zwischen Waschküche und Küche: « Morgen ist es dein Kopf, der zwischen meinen Beinen steckt ... »

Letztendlich war ihr Grauen dem der Hausherrin ganz ähnlich. Mit dem Unterschied, dass sie die Vorstellung tröstete, eines Tages der anderen alles zu erzählen, was die Hausherrin ihr gegenüber nie tun würde. Doch dieser Gedanke machte das Grauen nicht geringer:

« Mein Leben ist nicht viel mehr als das. »

So erzählte sie später ihrem Freund Alcione wieder nichts.

a Alcione, seu namorado. Deitava em seu colo, apesar do pouco que se gostavam, nem olhos nem nomes (ela, além de tudo, não suportava o gênero neutro do nome dele). E como não se davam apelidos, quase não se chamavam. Ela tentava manter o namoro comprando chocolates. Mas no fim voltava todos os dias para a casa dos patrões sem ter mais o namorado. Força de acordar, força de dormir. Sua vida não era muito mais que isso.

Hoje dormia com a cabeça no mesmo lugar de todo dia.

Zulmira diante da estátua da beira-mar, em cada mão uma criança. Muitas vezes desviava o caminho de volta da escola para olhar aquela mesma estátua. Ultimamente mais observava os olhares das crianças sobre a estátua que a própria. Pois eles desconcertavam uma ideia interessante que teve, de que a estátua parecia ser outra a cada dia. Claro que isso, brincadeira sua, ela não dizia. Disfarçava: « olha, que arte … »

Apontada para o mar, a estátua trazia muito dele para a avenida. Zulmira imaginou também que talvez em outro lugar, do outro lado do mar, houvesse uma estátua igual àquela e que as duas tinham que cuidar cada uma de seu país e apontar, dar a ideia de mar para cada país … por isso tanto mar colocado entre elas. Mas só o pensamento de uma estátua ter que fazer alguma coisa era muito mais assustador que o de ser outra a cada dia.

A menina interrompeu:

« Essa estátua meu pai já mostrou.

Zulmira não a corrigiu.

Sie legte sich auf seinen Schoß, obwohl sie sich kaum mochten, selbst ihre Augen und Namen nicht (ihr war vor allem die Geschlechtslosigkeit des seinen unerträglich). Und weil sie sich keine Kosenamen gaben, redeten sie sich auch nur selten mit Namen an. Sie versuchte das Verhältnis mittels Schokolade zu erhalten. Aber am Ende kam sie doch jeden Abend ins Haus ihrer Arbeitgeber zurück, ohne Freund. Mit Mühe aufwachen, mit Mühe einschlafen, ihr Leben war nicht viel mehr als das.

Heute würde sie mit dem Kopf am selben Platz wie immer einschlafen.

ZULMIRA VOR DER STATUE am Meeresufer, an jeder Hand ein Kind. Oft ging sie von der Schule einen Umweg nach Hause, nur um die Statue anzusehen. Neuerdings beobachtete sie mehr die Kinderblicke auf die Statue als die Statue selbst. Die verunsicherten ihren reizvollen Gedanken, dass die Statue jeden Tag eine andere zu sein schien. Natürlich erzählte sie nichts von diesem Hirngespinst. Und gab vor: « Was für ein Kunstwerk … »

Dem Meer zugewandt trug die Statue viel von ihm auf die Promenade. Zulmira malte sich auch aus, dass es vielleicht an einem anderen Ort, auf der anderen Seite des Meeres, die gleiche Statue gab, und dass jede für ihr Land sorgen und ihrem Land eine Vorstellung vom Meer geben musste … Deshalb also lag so viel Meer zwischen ihnen. Aber allein der Gedanke an eine Statue, die irgendetwas zu tun hatte, war weitaus erschreckender als der, sie sei jeden Tag eine andere.

Das Mädchen redete dazwischen:

« Die Statue hat uns Vater schon gezeigt. »

Zulmira stellte das nicht richtig.

O menino concordou e foram para casa.

À noite, antes de cair, mais cedo, no sono, bebeu de uma cachaça que guardava no quarto. Sua cama começou delicadamente a marear e ela imaginou que era porque havia estado no mar.

Der Junge sah es genauso und sie gingen nach Hause.

Abends, bevor sie, früher als sonst, in den Schlaf sank, trank sie einen Schluck von der Cachaça*, die sie im Zimmer aufbewahrte. Ihr Bett begann leicht zu schaukeln und sie malte sich aus, es sei, weil sie auf dem Meer gewesen war.

* ausgesprochen: Kaschassa, brasilianischer Zuckerrohrschnaps

José Rezende Jr.

O amor

Amaram-se como se fosse a primeira vez. E era a última.

Vício maldito!

O marido, que não fumava, saiu no meio da noite pra comprar cigarro. Voltou dez anos depois, com câncer nos dois pulmões.

O microconto do século

Queria escrever o romance do século. Mas quando o avião começou a cair, só teve tempo para o microconto.

Penélope

Escreve de dia e deleta à noite: assim o livro vai ficando cada vez mais verdadeiro.

José Rezende Jr.

Liebe

Sie liebten sich, als wäre es das erste Mal. Es war das letzte Mal.

Verfluchte Sucht!

Ihr Ehemann, Nichtraucher, ging mitten in der Nacht raus, Zigaretten holen. Zehn Jahre später war er zurück: Krebs in beiden Lungenflügeln.

Die Minigeschichte des Jahrhunderts

Wollte den Roman des Jahrhunderts schreiben. Als das Flugzeug abstürzte, blieb gerade mal Zeit für die Minigeschichte.

Penelope

Sie schreibt tagsüber und löscht nachts: So wird das Buch immer wahrer.

Câmaras indiscretas

Amaram-se na garagem do prédio. Roupas arrancadas, urros e sussurros, gozos tão apaixonados que, na portaria, Juvenal não conteve o aplauso.

O amor (ainda)

Amaram-se pela última vez. Ou seria a penúltima, como das últimas vezes?

Montanha-russa

O coração parou, fulminado, logo no primeiro looping. Mas continuou sorrindo, para não estragar o domingo dos filhos.

Abraço partido

Lava carros o dia inteiro, com o único braço. Só sente falta do membro amputado quando chega em casa, e abraça pela metade a mulher amada.

Indiskrete Kameras

Sie liebten sich, nackt, in der Tiefgarage, schrien, wisperten und kamen so leidenschaftlich, dass der Pförtner einfach applaudieren musste.

Liebe (noch)

Sie liebten sich zum letzten Mal. Oder würde es das vorletzte Mal sein, wie bei den letzten Malen?

Looping

Wie vom Blitz getroffen blieb sein Herz gleich beim ersten Überschlag stehen. Er lächelte weiter, um den Kindern den Sonntag nicht zu verderben.

Zerteilte Umarmung

Tagsüber wäscht er mit einem Arm Autos. Den amputierten Anderen vermisst er erst zu Hause, wenn er die geliebte Frau nur halb umarmt.

Carnaval (nº1) Bloco da solidão

Odeia carnaval. Espera a família sair para o baile, bota a peruca mais loira e o salto mais alto, e chora sozinho em frente à tevê.

Duas meninas

As melhores amigas, desde meninas. Mas só bem velhinhas ousaram o primeiro beijo. Ainda assim foram felizes, pelo para-sempre que restava.

A fuga

Dez anos atrás das grades, arquitetando o grande plano de fuga. Quando fugiu não tinha para onde ir.

São Paulo, São Paulo

Deitados em papelão sob marquise de loja de grife. De manhã os enxotarão a golpes de água fria. Mas agora tanto beijo até enfeita a cidade.

Karneval (Nr. 1) Umzug der Einsamkeit

Verhasster Karneval. Wenn die Familie Tanzen geht, trägt er die blondeste Perücke, die höchsten Stöckelschuhe und weint allein vor dem Fernseher.

Zwei Mädchen

Von Kindheit an beste Freundinnen, wagten sie erst als alte Omas einen Kuss. Und waren trotzdem glücklich über das verbleibende Für-Immer.

Die Flucht

Zehn Jahre hinter Gittern den großen Fluchtplan geschmiedet. Als er endlich floh, wusste er nicht wohin.

São Paulo, São Paulo

Vor dem Modeladen auf Pappkartons gebettet, wird man sie am Morgen mit kaltem Wasser verjagen. Noch schmücken ihre innigen Küsse die Stadt.

Solidão (nº7)

Desde que os filhos se foram, conta histórias para si mesma, antes de dormir. Omite sempre os finais felizes.

Cumplicidade

Escondeu a gravidade da doença fingindo que todo dia passeava com o cão. Ninguém notou que, já perto do fim, era o cão que passeava com ele.

Fábula

O gato abriu a gaiola e deu fuga ao passarinho. Estranhando a bondade do gato? Pois me assusta é a maldade de quem prendeu o passarinho.

O apocalipse

Destruiu o mundo em seis dias. No sétimo, aproveitou as trevas e descansou para sempre.

Einsamkeit (Nr. 7)

Seit die Kinder aus dem Haus sind, erzählt sie sich selbst Geschichten – jeden Abend vor dem Einschlafen. Das Happy End lässt sie aus.

Beistand

Er verbarg, wie krank er war, indem er jeden Tag mit dem Hund spazieren ging. Keiner ahnte, dass es der Hund war, der mit ihm spazierenging.

Fabel

Die Katze öffnete den Käfig, ließ den Vogel frei. Sonderbare Güte der Katze? Mich erschreckt die Bosheit dessen, der den Vogel einsperrte.

Die Apokalypse

Er zerstörte die Welt in sechs Tagen. Am siebten nutzte er die Dunkelheit, um sich für immer auszuruhen.

A árvore

Vieram com machados. Abracei a árvore de minha infância e exigi que me cortassem junto com ela. Sangrei até a última gota de seiva.

Partilha

Na separação, eu e o cachorro ficamos com meu pai; minha irmã e o gato, com minha mãe. E cada um de nós passou a ser só metade.

Identidade

Deixei a barba crescer, raspei a cabeça, fiz três ou quatro cirurgias plásticas, tornei-me irreconhecível. Inútil: sou sempre eu no espelho.

Solidão (n°9)

Mundo acaba hoje! gritava a manchete em letras garrafais. Só quando abriu a janela percebeu que o jornal era de ontem.

Der Baum

Sie kamen mit Äxten. Ich umarmte den Baum meiner Kindheit, sie würden mich mit ihm fällen müssen. Und blutete bis zu seinem letzten Tropfen.

Aufteilung

Bei der Trennung blieben ich und der Hund beim Vater, meine Schwester und die Katze bei der Mutter. So wurde jeder von uns halbiert.

Identität

Neuer Bart, abrasierte Haare und nach drei, vier Schönheits-OPs war ich nicht wiederzuerkennen. Vergeblich: Im Spiegel bin ich immer ich.

Einsamkeit (Nr. 9)

Welt endet heute!, tönte die Schlagzeile in riesigen Lettern. Erst als er das Fenster öffnete, bemerkte er, dass die Zeitung von gestern war.

Arrumação (n°1)

Queimou cartas e fotografias. Inútil: o coração continuou em chamas.

Folhetim

(onde se conta o alegre desfecho da fatídica estória de João e Maria, que enfrentaram a implacável oposição de suas famílias, ciúmes e traições de ambas as partes, graves dificuldades financeiras, um câncer de mama e outro de próstata, além de infindáveis e inenarráveis infortúnuos, até que o amor, afinal, triunfasse)

... E foram felizes por enquanto.

Arrumação (n°2)

Deletou e-mails e mensagens de celular. Inútil: o amor não era virtual.

Paixão e fé

Eu de joelhos, rezando, ele vem, rasga, levanta meu vestido, bate na minha bunda, me pega por trás, não, ele não vem, e eu de joelhos, rezo.

Aufräumen (Nr. 1)

Alle Briefe und Fotografien verbrannt. Vergeblich: Das Herz stand weiter in Flammen.

Fortsetzungsroman

(in dem der vergnügliche Ausgang der verhängnisvollen Geschichte von João und Maria erzählt wird, die dem unnachgiebigen Widerstand ihrer Familien, Eifersüchteleien und Intrigen von beiderlei Seiten, drückenden wirtschaftlichen Verhältnissen, Brust- und Prostatakrebs und weiteren nicht enden wollenden, unaussprechlichen Schicksalsschlägen die Stirn boten, bis die Liebe schließlich den Sieg davontrug)

... Und sie lebten glücklich, vorerst.

Aufräumen (Nr. 2)

E-Mails und SMS gelöscht. Vergeblich: Die Liebe war nicht virtuell.

Leidenschaft und Frömmigkeit

Ich bete, auf Knien, er zerrt mich, mein Kleid hoch, schlägt mich auf den Po, nimmt mich von hinten, nein, doch nicht, ich bete, auf Knien.

Pausa (metáfora sertaneja)

Ela, dele, bebe cada gota de chuva; ele, dela, o primeiro orvalho da manhã. E lá fora a seca e a sede queimando gente, bicho e plantação.

A soma de todos os medos

O mendigo velho e seu velho cão compartilham tudo. Sobretudo o medo que o outro morra primeiro.

Temporal

Quando chegou em casa, já não tinha casa.

O fim do mundo

Soube, por fonte segura, que o fim estava próximo. Bebeu, fumou, cheirou, chorou, trepou, comeu, fodeu e deu. Até hoje processa o profeta.

Auszeit (Gleichnis aus dem Sertão)

Sie trinkt jeden seiner Regentropfen; er ihren ersten Morgentau. Und draußen versengen Dürre und Durst die Menschen, Tiere und Pflanzungen.

Die Summe aller Ängste

Der alte Bettler und sein alter Hund teilen alles. Vor allem die Angst, der andere stürbe zuerst.

Unwetter

Als er heimkam, hatte er kein Heim mehr.

Das Ende der Welt

Aus sicherer Quelle erfahren, das Ende sei nah. Soff, rauchte, kokste, vögelte und ließ sich vögeln. Der Prozess gegen den Propheten läuft.

Continho trash prum mundinho cash

A coelhinha da *Playboy* Caroline Slavesko estava com o namorado em Miami, gozando todas essas coisas da fama, mas no final da tarde da última quarta-feira foi encontrada sem vida. Numa lata de lixo. Kurt Shakespeare ganhou o maior prêmio da loteria da Alemanha há dez anos atrás. Empresário de algum talento, estava tentando deixar a esposa e o cigarro. Ontem, no lado de cá de Berlim, duas crianças voltando da escola informaram ao policial a fedentina nos arredores do Grünewald Park. Kurt deixa esposa e cigarros. O corpo numa lata de lixo. A vencedora de importante reality show da Noruega, Kathaline Guilher, aplicou o seu dinheiro em fundos de pensão, pagou a dívida de vinte anos que contraíra junto ao pai e não foi vista outra vez pelos amigos do pub. Foi encontrada dois dias atrás em muitos pedaços. Numa lata de lixo. A miss Japão 1958 demitiu a empregada pela manhã e à tardinha saiu para comprar pão, algo que não fazia desde 1957. Hoje foi encontrada por vira-latas numa rua do centro de Tóquio. O legista teve dificuldades de tomar suas medidas, de tão inchada. Numa lata de lixo. Casimiro Castro é catador de latinhas de coca e pepsi nas ruas de São Paulo. A polícia o encontrou. Não apresentava ferimentos nem escoriações. Dormia. Numa lata de lixo.

Por mais que tentasse, não conseguiu se explicar junto às autoridades.

Sidney Rocha

Ne kleine Trashgeschichte für ne kleine Cashwelt

Das *Playboy*-Häschen Caroline Slavesko war mit ihrem Lover in Miami und sonnte sich im Ruhm, doch letzten Mittwochabend fand man sie leblos auf. In einer Mülltonne. Vor zehn Jahren hatte Kurt Shakespeare den größten Lottogewinn Deutschlands gemacht, ein einigermaßen talentierter Impresario, der gerade versuchte, Gattin und Zigaretten hinter sich zu lassen. Gestern meldeten zwei Kinder, die aus der Schule kamen, einem Polizisten Gestank in der Nähe vom Grunewald, auf der hiesigen Seite Berlins. Kurt hinterlässt Gattin und Zigaretten. Seine Leiche in einer Mülltonne. Die Siegerin einer beliebten Realityshow in Norwegen, Kathaline Guilher, legte das Preisgeld in Rentenfonds an, beglich zwanzig Jahre alte Schulden bei ihrem Vater und ward seitdem von ihren Kneipen-Freunden nicht mehr gesehen. Zwei Tage später fand man sie in viele Teile zerstückelt. In einer Mülltonne. Die Miss Japan von 1958 entließ gegen Morgen ihre Hausangestellte, ging am frühen Nachmittag noch einmal hinaus, um Brot zu kaufen, etwas, das sie schon seit 1957 nicht mehr getan hatte. Heute fanden sie Streuner in einer Straße im Zentrum Tokios. Der Gerichtsmediziner hatte Schwierigkeiten, seine Untersuchungen anzustellen, so aufgebläht war sie. In einer Mülltonne. Casimiro Castro sammelt Coca-Cola- und Pepsi-Dosen in den Straßen von São Paulo. Die Polizei fand ihn. Er wies weder Verletzungen noch Schürfwunden auf. Er schlief. In einer Mülltonne.

So sehr er sich auch bemühte, es gelang ihm einfach nicht, sich den Beamten zu erklären.

Magnetismo

Eram as agulhas, no começo. Aos dois anos retiraram do corpinho do menino umas vinte. Apesar de nossa ignorância, o especialista disse aquilo ser algo comum, acontecia às vezes, são as coisas do mundo. A foto da radiografia nos jornais. Depois esqueceram.

A vida continuou em acúmulos e apropriações. Moedas, talheres, ano a ano, clipes, de tanto que o especialista já nem dizia mais nada, tampas de potinhos, o fracasso diante do apetite daqueles engolimentos. Mas é preciso explicação: não que o menino metesse goela a dentro as miudezas. Não. Os abridores de lata podiam muito bem se alojar ali ao lado do pâncreas tanto quanto a saboneteira de inox no músculo da coxa, singularmente. A vida segue.

Primeiro foram os metais, que ele era um ímã, explicou um médico mesmerista, já do ramo da psicofísica, da mediunidade, sabe-se-lá, tanta coisa pra gente mesmo engolir.

Depois vieram os outros objetos, outras complexidades. O menino foi crescendo, jarros e porcelanas, e os gostos variando, boa parte da biblioteca, a voz mudando, devorava desejos, guitarras e discos de rock, um orquidário inteiro quando se apaixonou pela primeira vez. Foi ali, enquanto o especialista colhia orquídeas pelo seu ouvido que o garoto confessou o sonho de um dia engolir a Torre. Sorriram. A vida segue ávida, a máquina de costura da mãe foi engolida como uma saudade; o ataúde do pai, com o pai e tudo, foi algo difícil de se descolar do fígado e mais vida se passou ainda.

Magnetismus

Mit Nadeln fing es an. Als er zwei war, entnahmen sie dem kleinen Körper des Jungen etwa zwanzig Stück. Wir hatten keine Ahnung, aber der Facharzt sagte, das sei nicht ungewöhnlich und komme manchmal eben vor, so sei der Lauf der Welt. Die Röntgenaufnahme kam in die Zeitungen. Dann vergaß man es wieder.

Das Leben ging weiter mit Häufchen und Häppchen. Münzen, Besteck, Jahr für Jahr, so viele Büroklammern, dass der Facharzt schon nichts mehr dazu sagte; Blechdeckelchen, die Kapitulation vor dem Heißhunger, mit dem er alles verschlang. Aber es bedarf der Erklärung: Nicht dass der Junge sich den Kleinkram nur in den Rachen gestopft hätte, nein. Ebenso gut wie die Dosenöffner neben die Bauchspeicheldrüse passte sonderbarerweise auch der Seifenspender aus Stahl in den Oberschenkelmuskel. Und das Leben ging dahin.

Zuerst waren es also die Metalle. Dass er ein Magnet sei, erklärte ein Arzt und Anhänger des Mesmerismus, der psychophysischen Richtung zugeneigt, den medialen Fähigkeiten, oder was weiß ich, es gab so viel, was wir zu schlucken hatten.

Dann waren andere Gegenstände an der Reihe, andere Unübersichtlichkeiten. Der Junge wuchs, verschlang Krüge und Porzellan – wobei die Vorlieben schwankten –, einen Großteil der Bibliothek, seine Stimme veränderte sich; dann Begierden, Gitarren, Rockscheiben, und schließlich, als er sich das erste Mal verliebte, ein ganzes Gewächshaus voller Orchideen.
Zu der Zeit gestand der Junge – der Facharzt pflückte gerade Orchideen aus seinem Ohr –, er träume davon, eines Tages den Turm zu verschlucken. Man belächelte das. Das Leben ging gierig dahin, die Nähmaschine der Mutter wurde wie eine Sehnsucht verschluckt; der Sarg des Vaters samt dem Vater und allem Drum und Dran war nur schwer aus der Leber zu lösen, und das Leben ging noch immer weiter.

Quando viu aquele vazio na verticalidade de Paris, o especialista sorriu. O menino vencera a Torre. As autoridades providenciaram outra torre para o lugar, que eles têm mais duas de reserva. Ninguém notou.

Dia desses o especialista acordou no coração do menino. Era um lugar aconchegante. Um lugar sem necessidade de explicações, dizia a carta.

Als der Facharzt die Lücke in der Skyline von Paris entdeckte, grinste er. Der Junge hatte den TURM bezwungen. Die Behörden stellten einen neuen Turm an dieselbe Stelle, weil sie ohnehin stets zwei in Reserve haben. Es fiel niemandem auf.

Eines Tages wachte der Facharzt im Herzen des Jungen auf. Es war gemütlich dort, ein Ort, an dem keine Erklärungen notwendig waren, wie in seinem Brief stand.

O escuro estava ali há tempo demais. Foi o carinho que a fome ronronou a Mariano no degrau dos quatro anos. Assim, a fome pareceu sempre o algodão das nuvens fofas. E Mariano dormia todos aqueles olhos leitosos no mesmo prato.

Certa noite foi a noite de Mariano ganhar de presente o gatinho. Era em tons de caramelo, de sorvete de ameixa, de pudim, diziam sempre. Mariano já nem se incomodava com as gentilezas das cores do seu gato tom de comida. O miauzinho virou a sombra que ele precisava quando não havia nenhuma lembrança da luz, pois gatos conduzem melhor do que cães na escuridão.

Certa tarde foi a tarde do gato, do sol, da carreta. Passa a autoestrada ali, e é ali onde a fartura passa, a carreta, o gato, o sol, o futuro passa, o bichano dali não passa, mas escapou, milagre, ninguém escapa do futuro sem perder nada. Mariano não gostou da novidade. Imagine esta agora ! : seria o gatinho de três pernas, do garotinho cego? Ou o garotinho cego, do gatinho de três pernas? Ai-ai-ai, ai-ai. Aquilo viraria um circo.

Certa manhã foi a manhã de Mariano tropeçar num degrau da nuvem sólida que há no mundo fofo dos cegos. O craniozinho de vidro, o gatinho cor de mel, as cinco perninhas, mil, o baile. O bichano desgraçou a vida de Mariano, disseram. E desgraçaram o gatinho ali mesmo. São cruzes em todo lugar. Cegos e gatos são capazes de muitos gestos. E desconhecemos por completo qualquer um dos seus tratos mais solitários.

Tanz mit mir

Die Dunkelheit währte schon zu lange. Zärtlich beschnurrte der Hunger Mariano an der Schwelle zu seinem vierten Geburtstag. So fühlte sich der Hunger immer an wie weiche Wattewolken. Und Mariano schlief, all die milchigen Augen im selben Schüsselchen.

Irgendwann kam der Abend, an dem sie Mariano das Kätzchen schenkten. In den Farben von Karamell, Pflaumeneis und Pudding, wie sie immer sagten. Mariano machten diese Liebenswürdigkeiten über die Farben seiner essensbunten Katze schon nichts mehr aus. Das putzige Miauen wurde zum Schatten, den er brauchte, wann immer er keinerlei Erinnerung mehr ans Licht hatte, denn besser als Hunde führen Katzen durch die Dunkelheit.

Irgendwann kam der Tag der Katze, der Sonne und des Sattelanhängers. Da zieht die Autobahn vorüber und der ganze Überfluss, der Anhänger, die Katze, die Sonne, die Zukunft zieht vorüber, die Mieze kam da nicht rüber, aber sie entkam, ein Wunder, niemand entkommt der Zukunft, ohne etwas zu verlieren. Mariano gefiel die Nachricht nicht. Stell dir das vor! Sollte es jetzt etwa heißen: das dreibeinige Kätzchen des blinden Jungen? Oder der blinde Junge mit dem dreibeinigen Kätzchen? Oje, oje, das würde ein Zirkus werden.

Irgendwann kam der Morgen, an dem Mariano auf einer Schwelle der festen Wolke stolperte, wie es sie in der weichen Welt der Blinden gibt. Schädelchen aus Glas, honigfarbenes Kätzchen, fünf Beinchen, Tausende, ein Tanz. Die Mieze hat Marianos Leben ins Unglück gestürzt, sagten sie. Und dann stürzten sie das Kätzchen gleich hinterher. Überall Kreuze. Blinde und Katzen sind zu vielen Gesten fähig. Und wir kennen kein einziges ihrer einsamen Bündnisse.

zulmira sabia que era uma boneca porque o pai com os olhos de lobo sempre dizia Zuzinha, você é minha bonequinha, e porque, longe dos outros olhares que não entendem nada de brincar, ele brincava com ela, geralmente quando caía a escuridão e o vento deixava de visitar o lugar onde ele guardava zulmira, zuzinha, para o dia seguinte. boneca como zulmira não fala, Faz psiuu, boneca!, por isso, de lá pra cá, ela não sabia mais a hora de sorrir ou chorar, principalmente quando ele lhe punha em posição de boneca que cai. zulmira era daquele modelo que ardia em febre às vezes e, se sangrava um pouco, acreditava ser assim mesmo isso, pruma boneca de dez anos. foi só depois que a boneca notou o seu corpinho de rã oferecendo outras formas, e se esticando por não se conter em si mesmo, elástico feito da carne que compõe o plástico da carne de bonecas como zulmira. foi o tempo em que não acreditou mais em histórias de lobos, porque agora a floresta cercou a bonequinha, os milhões de rostos de susies ainda nas embalagens, a tevê a chamá-la de criança, logo a palavra que lhe dá mais medo, medo e terror ... e quando se referem à boneca zulmira como uma pinóquio sem as mentiras, então? então já tinha o corpo de sapa quando descobriu não haver loja nenhuma no mundo que vendesse bonecas com aquele nome de zulmira-zuzinha, e ela estranhou também o dia em que a dor rompeu o casulo, para brincarem de médico de verdade com ela.

mas amanhã poderá ir pra casa, levando consigo o silêncio das fadas que, como bonecas, não têm passado. na casa, já encontrará zenaide, a bonequinha que será sua para sempre. a psicóloga-susie-da-estrela disse que Zenaide não é boneca, Zulmira: é gente igual a você. zuzinha não fala nada, enquanto no

lilliana wusste, dass sie eine puppe war, weil der vater mit den wolfsaugen immer sagte lillylein, du bist mein püppilein, und weil er, abseits der blicke der anderen, die nichts vom spielen verstehen, mit ihr spielte, normalerweise wenn die dunkelheit einbrach und der wind dort nicht mehr hinkam, wo er lilliana, lillylein, bis zum nächsten tag verwahrte. eine puppe wie lilliana spricht nicht, Mach psst, puppe!, drum, vom hin und her, wusste sie nicht mehr, wann sie lachen oder weinen sollte, vor allem, wenn er sie hinstellte wie eine puppe, die kippt. lilliana war eins von den modellen, die manchmal ein fieber befiel und die, wenn sie ein wenig blutete, glaubte, es sei eben so bei einer puppe mit zehn. erst später bemerkte die puppe, wie ihr froschkörper eine andere figur bekam und sich streckte, weil er sich nicht mehr zurückhielt, gummiband aus fleisch, dem plastikfleisch von puppen wie lilliana. zu dieser zeit glaubte sie nicht mehr an wolfsgeschichten, weil jetzt der wald das püppchen umgab, millionen von gesichtern verpackter lillyfees, und das fernsehen sie ein kind nannte, ein wort, das ihr gleich noch mehr angst macht, furchtbare angst … und wenn sie die puppe lilliana eine pinocchio ohne lügen nennen, dann? dann hatte sie schon einen krötenkörper und fand heraus, dass kein geschäft auf der welt puppen verkauft, die lilliana-lillylein heißen, und sie wunderte sich auch, als der schmerz den kokon aufbrach, damit sie in echt doktor mit ihr spielten.

aber morgen würde sie nach hause gehen können, das schweigen der feen mit sich nehmen, die, wie puppen, keine Vergangenheit haben. zu hause würde sie nadia vorfinden, das püppchen, das für immer ihr gehören würde. die lillyfeepsychologin sagte, Nadia ist keine puppe, Lilliana: sie ist ein mensch genau wie du. lillylein sagt nichts, im gekalk-

quarto pintado à cal não sabe porque pensa num túmulo quando entrega o peito a zenaide. e zenaide mama de verdade. fecha os olhinhos e tudo. parece boneca. só vendo.

ten zimmer, und weiß nicht, warum sie an ein grab denkt, wenn sie nadia die brust gibt. und nadia saugt in echt. sie schließt die äuglein und das alles. wie eine puppe. unglaublich.

Fim

É engraçado como antecipamos os fracassos. Naquela noite, sentados num bar, conversando animados sobre o fim de semana anterior, quando havíamos ido com amigos dela para o Guarujá, percebi que nunca mais a veria. Não houve nada: não brigamos, não discutimos, não divergimos: apenas, quando olhei seu rosto, não ouvi mais sua voz. Algo se quebrara, se perdera. Tantos anos passados, ainda não compreendo o que aconteceu. Eu, que a amava tanto, deixei de atender seus telefonemas, de responder suas mensagens, não mais a procurei. E até hoje, em noites como esta, sinto imensamente sua falta, até hoje.

Assim:

Ele jurou amor eterno.
E me encheu de filhos.
E sumiu por aí.

Luiz Ruffato

Ende

Es ist schon komisch, wie wir unser Scheitern vorwegnehmen. An jenem Abend, als wir in einer Bar saßen und uns fröhlich über das vergangene Wochenende unterhielten, an dem wir mit ihren Freunden nach Guarujá gefahren waren, begriff ich, dass ich sie nie wiedersehen würde. Es war nichts passiert: Wir stritten nicht, diskutierten nicht, waren nicht uneins. Nur dass ich, als ich ihr ins Gesicht sah, ihre Stimme nicht mehr hören konnte. Etwas war zerbrochen, war verlorengegangen. Viele Jahre später verstehe ich immer noch nicht, was geschehen ist. Ich, der ich sie so sehr liebte, hörte einfach auf, ihre Anrufe entgegenzunehmen, ihre Nachrichten zu beantworten, sie sehen zu wollen. Und bis heute, an Abenden wie diesem, spüre ich schmerzlich ihren Verlust, bis heute.

So:

Er schwor ewige Liebe.
Hängte mir einen Haufen Kinder an.
Und machte sich aus dem Staub.

Meu pai entrou no quarto, disse: Levanta, Fernando, está na hora! Saltei da cama, zonzo, o sol domingueiro esturricando o pôster do meu time, colado na parede com durex. Havia atravessado a noite em claro, ansioso, revirando o corpo de um lado para o outro, como se coberto de espinhos o colchão. A luz do poste jorrava por entre os galhos da mangueira formando imagens que tentava adivinhar, um gato, um cachorro, um cachorro perseguindo um gato. Armei uma arapuca, mas, preguiçoso, o sono não se aproximava. As horas arrastaram-se, prisioneiras, até que ouvi, na madrugada, a dona Rilda, nossa vizinha, ligar o rádio, baixinho. Crente, sempre colocava um copo d'água ao lado do aparelho, e depois bebia, tinha problema de coluna, orando, com fervor, para tirar o caçula das drogas, para que a do meio não se perdesse, para que iluminasse o mais velho. Depois, o primeiro ônibus parou no ponto bem em frente de casa, a conversa do motorista com o trocador e um passageiro abafada pelo motor barulhento. Em seguida, a algazarra dos pardais despertou a manhã, ninando meu cansaço. Passei por uma madorna arredia e me assustei com o Mondaine azul do meu pai, Ô, Fernando, está na hora! Os olhos ardendo, na cozinha mastiguei depressa o pão-na-chapa e engoli a caneca de chocolate. Troquei de roupa, coloquei a camisa número nove, escovei os dentes, obrigado, e, paciente, minha mãe buscou domar meus cabelos espetados, candeando meu desassossego. Antes de sairmos, nos passou em revista, Geraldo, está carregando os documentos? E os ingressos? E dinheiro? Não quer mesmo levar um lanchinho? Toma cuida-

Der Mann in der Menge

Mein Vater kam ins Zimmer und sagte: Steh auf, Fernando, es wird Zeit! Schwindlig sprang ich aus dem Bett, die Sonntagssonne versengte das Poster meines Vereins, das mit Tesafilm an die Wand geklebt war. Ich hatte die ganze Nacht nicht geschlafen, mich unruhig von einer Seite auf die andere gewälzt, als wäre die Matratze mit Stacheln übersät. Das Licht der Straßenlampe floss durch die Zweige des Mangobaums und entwarf Bilder, die ich zu erraten versuchte, eine Katze, einen Hund, einen Hund, der eine Katze jagte. Ich stellte eine Falle, doch der Schlaf, träge wie er war, wollte nicht kommen. Die Stunden schleppten sich dahin wie Gefangene, bis ich im Morgengrauen hörte, wie unsere Nachbarin Dona Rilda ihr Radio ganz leise andrehte. Sie war gläubig und stellte immer ein Glas Wasser neben den Apparat, das sie dann austrank – sie hatte Probleme mit dem Rücken –, während sie mit Inbrunst dafür betete, ihren Jüngsten von den Drogen zu befreien, die Mittlere nicht vom Weg abkommen zu lassen und dem Ältesten Erfüllung zu schenken. Dann – der erste Bus hielt an der Haltestelle gleich vor dem Haus – die vom lärmenden Motor übertönte Unterhaltung des Fahrers mit dem Schaffner und einem Fahrgast. Danach weckte der Radau der Spatzen den Morgen und lullte meine Müdigkeit ein. Ich fiel in einen leichten Schlummer und erschrak über die blaue Mondaine-Uhr meines Vaters, Es wird Zeit, Fernando! Mit brennenden Augen verschlang ich in der Küche einen Buttertoast und stürzte eine Tasse Kakao hinunter. Ich zog mich an, das Trikot mit der Nummer 9, dann Zähne putzen, Pflicht, und meine Mutter versuchte geduldig, meine abstehenden Haare zu bändigen, meine Unruhe zu besänftigen. Bevor wir das Haus verließen, inspizierte sie uns, Geraldo, hast du die Papiere dabei? Und die Eintrittskarten? Und das Geld? Willst du sicher nichts zu essen mitnehmen? Sei bloß vorsichtig! Lass auf keinen

do, heim ! Não larga da mão dele não, Geraldo, de jeito nenhum ! O pai ria, debochando carinhoso dos cuidados. Estávamos na rua já, quando ela lembrou, Põe esse boné, meu filho, o sol está pelando ! Meu pai insistiu que andássemos até a avenida, queria desfilar sua felicidade. Pelo caminho, os conhecidos assuntavam, Vai levar o menino no jogo? É, é a estréia dele, confirmava, orgulhoso, Está ficando homem, heim, comentavam. Embarcamos, e pela janela vi meu bairro se afastando, a rua do supermercado, a rua da escola, a rua onde morava o meu melhor amigo. Embalado pelo sacolejo do ônibus, adormeci, recostado no braço magro do meu pai. Despertei em frente ao estádio, coração acelerado, pernas bambas. Descemos, meu pai apertou a minha mão, enfiou o boné na minha cabeça, e, respirando fundo, nos misturamos à multidão.

Santiago de Compostela

Com desprezo, espiam as gárgulas os que embaixo passam, distraídos.

Fossem pombos, talvez cagassem em nossas cabeças.

Fall seine Hand los, Geraldo! Mein Vater lachte und spöttelte zärtlich über ihre Sorgen. Wir waren schon auf der Straße, als sie sich erinnerte, Hier, setz die Kappe auf, Kind, die Sonne brennt ordentlich! Mein Vater bestand darauf, dass wir zu Fuß bis zur großen Straße liefen, er wollte sein Glück vorführen. Unterwegs bemerkten die Bekannten, Nimmst du den Jungen zum Spiel mit? Ja, es ist sein erstes Mal, antwortete er stolz, Er wird langsam ein Mann, was, sagten sie. Wir stiegen in den Bus, und durch das Fenster sah ich, wie sich mein Viertel entfernte, die Straße mit dem Supermarkt, die Straße mit der Schule, die Straße, in der mein bester Freund wohnte. Vom Rütteln des Omnibusses gewiegt und an den knochigen Arm meines Vaters gelehnt, schlief ich ein. Vor dem Stadion erwachte ich, mit rasendem Herzen und wackligen Beinen. Wir stiegen aus, Vater nahm meine Hand, setzte mir die Kappe auf, und mit einem tiefen Atemzug mischten wir uns unter die Menge.

Santiago de Compostela

Höhnisch belauern die Wasserspeier diejenigen, die zerstreut unten entlanglaufen.

Wären sie Tauben, würden sie vielleicht auf unsere Köpfe kacken.

Minha primeira namorada

Chamava-se Maria Aparecida Albino, Cidinha. Loura, cabelos lisos, rebeldes a qualquer elástico, cara de sono, a melhor aluna da escola. Sempre dela, a redação estampada no quadro-negro, modelo de idéias claras, correção gramatical e caligrafia. Pela manhã, após o repicar do sino alertando para o início da aula, entrava na sala sobraçando o diário da professora Aurora, corpo aprumado, orgulhosa da incumbência. Asseada, uniforme limpo, bem passado, no recreio afastava-se de nós, que colhíamos, em canecas esmaltadas, o mingau de fubá da merenda. Ela trazia de casa uma banana ou alguns biscoitos que saciavam sua fome até a hora da saída, quando, sozinha, atravessava a rua e caminhava impávida em direção à Vila Minalda, bairro distante e inimigo da nossa turma. Antipática e metida, assim a caracterizávamos – no fundo, invejando-a, porque, para nós, insuportável a idéia de uma menina bonita e inteligente, ao mesmo tempo.

Com o tempo, os cochichos do corredor tornaram-se insuficientes e passamos a agredi-la com apelidos que gritávamos quando longe dos professores: Pombinha, Branquela, Leite Azedo, Espiga de Milho, Alemoa... No entanto, algo em mim havia mudado. Talvez a maneira indiferente com que suportava nossos ataques tenha corroído meu coração. Uma manhã, levantei disposto a defendê-la. Já me via rolando na poeira com outro menino, o nariz sangrando, o cotovelo ralado, e preparava-me para o castigo que em seguida viria – feliz, entretanto, por saber que de longe ela suspiraria por mim. No recreio, uma roda se fechou em torno dela e começaram todos a xingá-la. Enfiei-me no meio do burburinho e me

Meine erste Liebe

Sie hieß Maria Aparecida Albino, Cidinha genannt. Blonde, glatte, gegen jedes Haargummi rebellierende Haare, ein verschlafenes Gesicht, die beste Schülerin der Schule. Der Aufsatz an der Tafel war immer von ihr und ein Muster an klaren Gedanken, grammatikalischer Perfektion und Schönschrift. Wenn morgens die Schulglocke läutete, kam sie mit dem Klassenbuch der Lehrerin Aurora unterm Arm ins Klassenzimmer, aufrecht und stolz über ihren Auftrag. Makellos, mit sauberer, glatt gebügelter Schuluniform hielt sie sich in der Pause abseits von uns, die wir Maisbrei aus Emaillebechern löffelten. Sie brachte eine Banane oder ein paar Kekse von zuhause mit, die ihren Hunger bis zum Schulschluss stillten, wenn sie – alleine – die Straße überquerte und furchtlos in Richtung des Viertels Vila Minalda lief, das weit weg und im Feindesgebiet unserer Bande lag. Unsympathisch und arrogant fanden wir sie – aber im Grunde beneideten wir sie, weil der Gedanke unerträglich war, dass ein Mädchen hübsch und intelligent zugleich sein konnte.

Mit der Zeit genügte uns das Gezischel auf den Gängen nicht mehr und wir gingen dazu über, sie mit Schimpfnamen anzugreifen, die wir ihr zuriefen, wenn die Lehrer nicht in der Nähe waren: Täubchen, Bleichgesicht, Quarkkrapfen, Rettichkopf, Deutsche … Unterdessen aber hatte sich bei mir etwas verändert. Vielleicht hatte die Gleichgültigkeit, mit der sie unsere Angriffe erduldete, an meinem Herzen genagt. Eines Morgens stand ich auf, bereit, sie zu verteidigen. Ich sah schon, wie ich mich mit einem anderen Jungen im Staub wälzte, die Nase blutig, den Ellbogen aufgeschürft, und bereitete mich auf die Strafe vor, die folgen würde – und war dennoch glücklich, weil ich wusste, dass sie von weitem nach mir seufzen würde. In der Pause schloss sich ein Kreis um sie, dann machten sie sie zur Schnecke. Ich drängte mich durchs Gewühl und stellte

coloquei à frente do Dinim, colega parrudo e ignorante. Me encarando, ele perguntou o que eu queria. Eu ia dizer, Parem de implicar com a Cidinha, mas na hora perdi a coragem. Em silêncio, me afastei, e até hoje me persegue o choro sentido da minha primeira namorada.

mich vor Dinim auf, einem untersetzten und dummen Mitschüler. Er blickte mir ins Gesicht und fragte, was ich wollte. Ich wollte sagen, Hört auf, Cidinha zu belästigen, aber genau in dem Moment verlor ich den Mut. Schweigend ging ich davon, und bis heute verfolgt mich das traurige Weinen meiner ersten Liebe.

Amor (Roberto, o rato)

Ei, aqui embaixo!

É isso mesmo; sou eu, Roberto, o Rato. *Rattus norvegicus*, para ser preciso. Ratazana de esgoto, no popular. « Roberto » é culpa de Zilda, a louca. E, por sua vez, o nome dela é culpa da pequena cidade, que a apelidou assim. Meu Deus ! Uma senhora de 89 anos ! « A doida do rato », é o que dizem. Não, não existe respeito. Mas as pessoas são assim mesmo : 99 por cento delas não valem nada – e o outro um por cento não se encontra. 99 por cento delas não produzem nada mais que fezes e lixo. (E merda das mais fedorentas – lixo atômico-apocalíptico da pior espécie.) Zilda, pelo menos, escreve poemas – uns poemas bestas, vá lá – e me alimenta. Fica jogando seu arroz branco na borda do bueiro em frente a sua casa velha. Gosta de me ver, me ama, e é odiada. As pessoas não gostam de velhos – quase tanto quanto não gostam de ratos. Meninos lhe atiram pedras, senhoras mudam de calçada. O mau cheiro de Zilda, alegam. Ninguém quer saber da água que lhe cortaram, ou do sacrifício que faz para sobreviver com a aposentadoria. Um rato não viveria melhor. Ninguém se pergunta o porquê da casa caindo aos pedaços, ninguém mesmo. Nem os filhos (uns oito, a julgar pelas fotos espalhadas). É ... as pessoas são o que são. Eu fico olhando o cinza desbotado da solidão de Zilda e concluo que a humanidade não presta. Dá vontade de vomitar – mas ratos não vomitam, embora se enojem. Então vamos ao arroz grudento.

Walther Moreira Santos

Liebe (Roberto, die Ratte)

He, hier unten!

Ja hier; das bin ich: Roberto, die Ratte. *Rattus norvegicus*, um genau zu sein, Kanalratte in der Umgangssprache. An «Roberto» ist Zilda schuld, die Verrückte. An ihrem Namen wiederum ist die Kleinstadt schuld, die sie so nennt. Herr im Himmel, eine Frau von neunundachtzig Jahren! «Die Bekloppte mit der Ratte», sagen sie. Nein, es gibt einfach keinen Respekt mehr. Aber so sind die Leute: Neunundneunzig Prozent von ihnen sind nichts wert – und das übrige eine Prozent ist unauffindbar. Neunundneunzig Prozent von ihnen bringen nichts als Fäkalien und Mist hervor. (Und besonders übelriechende Scheiße noch dazu – atomar-apokalyptischen Mist der schlimmsten Sorte.) Zilda schreibt immerhin Gedichte – na ja, ziemlich dämliche – und sie versorgt mich. Sie kippt weißen Reis an den Gullyrand vor ihrem alten Haus und freut sich, wenn sie mich sieht. Sie liebt mich, und wird doch selbst gehasst. Die Leute mögen alte Menschen nicht – fast genauso wenig wie Ratten. Kinder werfen mit Steinen nach ihr, Frauen wechseln die Straßenseite. Wegen Zildas Geruch, behaupten sie. Niemanden interessiert, dass ihr das Wasser abgestellt wurde, oder welche Opfer sie bringt, um von ihrer Rente leben zu können. Eine Ratte würde nicht besser leben. Niemand fragt sich, warum ihr Haus verfällt, wirklich niemand. Nicht mal ihre Kinder (und das sind an die acht, wie ich aus den übers Haus verstreuten Fotos schließe). So ist's ... die Leute sind, wie sie sind. Ich beobachte das verblichene Grau von Zildas Einsamkeit und stelle fest, dass die Menschheit nichts taugt. Es ist zum Kotzen – aber Ratten übergeben sich nicht, selbst wenn sie sich ekeln. Also auf zum klebrigen Reis.

« Você é mesmo muito pessimista », dizia meu pai. « Não é pessimismo não, pai, é só ciência : a maioria dessas estrelas está morta, não existem mais, a luz que vemos está viajando pelo espaço há milhares de anos. » Daí ele ria, incrédulo. E era lindo aquele negro imenso sorrindo como uma criança, a boca cheia de uns dentes branquíssimos.

Hoje eu penso na névoa, na noite se adensando, nos cães, nos tiros, nos guardas, no terror, meu pai nadando afobado, escapando do presídio da Ilha, pensando em mulheres, cachaça, pensando talvez em mim. Sing Sing, Alcatraz, Ilha Grande, não importa. Importa meu pai paralisado de medo, ou seriam câimbras ? O mais certo as duas coisas. Meu pai arrastando, enquanto afunda, mulheres, manhãs, cachaça, arrastando talvez a mim. Não estava certo, a meu pai, descobrir que o mar é sem fim justo naquele instante.

Eu penso na pele escura do meu pai, na pele escura da noite, na pele escura do ventre profundo das águas. Três peles frias. E sobre as peles o brilho ilusório das estrelas. Uma miragem, ambos. E me pergunto se, no último instante, meu pai se lembrou da verdade acerca das estrelas – eu lhe tirando a última coisa bela.

Lembrou-se, meu pai ?

(Da memória ele me sorri – estrelas ao alcance de minhas mãos.)

«Du bist aber pessimistisch», sagte mein Vater.

«Nein, Papa, Pessimismus ist das nicht, das ist Wissenschaft: Die Mehrheit der Sterne da oben ist erloschen, sie existieren nicht mehr. Das Licht, das wir sehen, reist seit tausenden von Jahren durch den Raum.» Er lachte ungläubig. Und es sah schön aus, wenn dieser hünenhafte Schwarze grinste wie ein Kind, den Mund voller strahlend weißer Zähne.

Heute denke ich an den Nebel, die immer dunkler werdende Nacht, die Hunde, die Schüsse, die Wachen, die Panik, an meinen Vater, wie er gehetzt schwimmt, wie er aus dem Gefängnis der Ilha ausbricht, an die Frauen denkt, an Cachaça* und vielleicht auch an mich. Ob Sing Sing, Alcatraz oder Ilha Grande ist bedeutungslos. Von Bedeutung ist nur mein Vater, vor Angst gelähmt. Oder sind es die Krämpfe? Vermutlich beides. Mein Vater, wie er beim Abtauchen die Frauen, die Sonnenaufgänge, die Cachaça und vielleicht auch mich mit sich reißt. Es war nicht gerecht, dass mein Vater genau in jenem Moment feststellen musste, dass das Meer endlos ist.

Ich denke an die schwarze Haut meines Vaters, an die schwarze Haut der Nacht, an die schwarze Haut der abgrundtiefen Gewässer. Dreimal kalte Haut. Und auf ihr der trügerische Glanz der Sterne. Ein Trugbild, beides. Und ich frage mich, ob mein Vater im letzten Moment an die Wahrheit über die Sterne gedacht hat, und ich ihn des letzten Schönen beraubt hatte.

Hast du daran gedacht, Vater?

(In meiner Erinnerung lächelt er mich an – Sterne in Reichweite meiner Hände.)

* ausgesprochen: Kaschassa, brasilianischer Zuckerrohrschnaps

A Cartomante

Sozinha em sua tenda, a Cartomante prevê que dentre em breve conhecerá um homem, e que com ele se casará e se arrependerá amargamente. Ele arranjará outras mulheres, chegará sempre bêbado, reclamará da comida e às vezes lhe baterá. A Cartomante prevê que a boêmia do homem a fará perder noites de sono e chorar lágrimas de sangue.

Lá fora alguém bate palmas. É o homem. A Cartomante ajeita o cabelo, manda-o entrar, despe o roupão e lhe diz: « eu sou sua. »

Amnésia (Durante a queda)

Durante a queda esqueci o porquê de haver pulado do trigésimo quinto andar do edifício da Previdência Social. Eu estava desempregado? Estava. Há milhões de desempregados pelo país afora, mas só eu estava caindo. Falhara em conquistar o amor de Hilda? Falhara. Há milhões de malsucedidos no amor, mas só eu caía. Por mais que me esforçasse não conseguia lembrar por que eu pulara.

Apelei para os Céus: Por queeeeeeeeeeeeeeeeeeeeê?

A queda transformou meu apelo num horrendo grito.

A pergunta e a angústia, portanto, continuavam, como eu, no ar.

Por muito pouco. Porque o tempo nos impõe mais limites que o desespero, a falta de dinheiro ou o desejo. E na queda, como na vida, o tempo se esgota antes da resposta.

Die Kartenlegerin

Allein in ihrem Zelt prophezeit die Kartenlegerin, dass sie in Kürze einen Mann kennenlernen, heiraten und es bitter bereuen wird. Er wird andere Frauen aufgabeln, nur noch betrunken nach Hause kommen, sich über das Essen beschweren und sie manchmal schlagen. Die Kartenlegerin prophezeit, dass das ausschweifende Leben des Mannes ihr nächtelang den Schlaf rauben und sie blutige Tränen kosten wird.

Draußen klatscht jemand in die Hände. Es ist der Mann. Die Kartenlegerin zupft ihr Haar zurecht, bittet ihn einzutreten, zieht den Morgenrock aus und sagt: «Ich gehöre dir.»

Amnesie (im Fall)

Im Fall vergaß ich, warum ich aus dem fünfunddreißigsten Stockwerk des Sozialversicherungsgebäudes gesprungen war. War ich arbeitslos? Ja, das war ich. Aber im ganzen Land gibt es Millionen Arbeitslose, und nur ich fiel. Hatte ich darin versagt, Hildas Liebe zu gewinnen? Ja, das hatte ich. Aber in der Liebe gibt es Millionen Fehlschläge, und nur ich fiel. So sehr ich mich auch bemühte, ich konnte mich nicht erinnern, warum ich gesprungen war.

Ich rief den Himmel an: Waruuuuuuuuuuuuuuuuuuuum?

Der Fall verwandelte mein Rufen in grässliches Schreien.

Und entsprechend hingen die Frage und die Angst, wie ich, in der Luft.

Allerdings nur für einen kurzen Moment. Denn die Zeit schränkt uns mehr ein als Verzweiflung, wenig Geld oder Begehren. Und im Fall, wie im Leben, erschöpft sich die Zeit vor der Antwort.

Balões

Ao me levar ao parque, meu pai não comprava balões – e eu hipnotizado pelo vermelho-vivo, o amarelo, o azul esticado nas bexigas flutuantes. No fim, voltava arrastando minha frustração; custava tão pouco, a felicidade.

Hoje sei. Com aquele gesto rude, meu pai visava a me guardar da fragilidade das esferas. Adiar meu choro. Meu pai não queria que eu descobrisse, tão cedo, a finitude de tudo.

Um blues

Se amaram durante cinco meses. « Tudo bem. Cinco é um pentagrama, um número mágico, símbolo do homem, o microcosmo », consolou-se um, que era místico, magro, e artista plástico. O outro, estudante de medicina, tímido e prático, pouco falava. O primeiro chegou a expor no estrangeiro, mas acabou se matando num acidente de moto. (O valor dos seus quadros vem subindo.) Se mataria, de qualquer forma; aquela história: cigarros demais, álcool demais, e ansiolíticos de menos. O outro (calou-se de vez): formatura, cidade do interior, consultório, casamento, um filho; que no final do dia costuma abraçar com uma ternura imensa.

Ballone

Als mein Vater mit mir in den Park ging, kaufte er keine Luftballone – ich aber war wie gebannt vom prallen Knallrot, Gelb und Blau der umherschwebenden Bälle. Zum Schluss schleppte ich meine Enttäuschung nach Hause; es kostete doch nur so wenig, das Glück.

Heute weiß ich es. Mit seiner harschen Geste wollte mich mein Vater vor der Zerbrechlichkeit der Sphären beschützen. Meine Tränen vertagen. Er wollte nicht, dass ich sie so früh schon entdeckte, die Endlichkeit von allem.

Ein Blues

Sie liebten sich fünf Monate lang. « Immerhin. Die Fünf ist ein Pentagramm, eine magische Zahl, ein Symbol für den Menschen und für den Mikrokosmos », tröstete sich der eine, Mystiker, mager und Maler. Der andere, ein schüchterner und pragmatischer Medizinstudent, sprach nur wenig. Der Maler stellte später im Ausland aus, setzte dann aber seinem Leben bei einem Motorradunfall ein Ende. (Der Wert seiner Bilder steigt weiter.) Er hätte seinem Leben so oder so ein Ende gesetzt; man kennt das ja : zu viele Zigaretten, zu viel Alkohol und zu wenig angsthemmende Mittelchen. Der andere (endgültig in Schweigen verfallen) : Examen, Umzug ins Landesinnere, Praxis, Hochzeit, ein Kind; das er am Ende des Tages mit größter Zärtlichkeit umarmt.

Última lenda

Eu era apenas um velho baú onde ela depositava estrelas, planetas, galáxias. Ambiciosa que era jamais prestou atenção em mim: velho baú de carvalho. Não me amava. Eu possuía o universo.

Ela, não.

Letzte Legende

Ich war nur ein alter Schrein, in dem sie Sterne, Planeten und Galaxien verwahrte. Ehrgeizig wie sie war, beachtete sie mich nie: den alten Eichenschrein. Und liebte mich nicht. Ich verfügte über das Universum.

Sie nicht.

Veronica Stigger

O Cabeção

Chamavam-lhe Cabeção. Ainda bebê, fora confinado pela mãe num pujante apartamento de catorze aposentos – com dependência de empregada, tevê a cabo e vizinhas boazudas –, localizado no distante e silencioso bairro nobre de sua cidade. Sua genitora – uma aristocrata megera e vadia e adepta do bestialismo – queria esconder e esquecer a sequela de uma antiga e sórdida traição. Como consequência, Cabeção cresceu e se criou sozinho, sem amigos, sem parentes, sem saber quem era seu pai e que ao seu lado as vizinhas boazudas divertiam-se pacas.

Certa feita, entediado e triste – ele já lera todos os livros –, Cabeção decidiu mudar de vez sua vida: comprou uma garrafa de tequila e abriu um escritório no Centro. Educado por telecursos, havia se especializado em compor projetos para jardins ingleses, e era nisto que iria trabalhar a partir de agora. Saiu de casa. Alugou uma sala. Contratou pessoas. Elaborou planilha de gastos. Conquistou clientes. Fez amigos. E tornou-se famoso. Mas ainda não era feliz: fazia as refeições sozinho e espantava as mulheres com sua cabeça descomunal.

Foi por essa época que começou a marcar os dias que passavam. Mal chegava da rua, ia para seu quarto, tirava as roupas e os sapatos, tomava um lápis para desenho e fazia um risco grosso na parede. A cada cinco dias, quando já se somavam cinco riscos verticais e paralelos, ele os cruzava com um sexto traço horizontal. Entusiasmado com essa prática – mais do que com

Veronica Stigger

Quadratschädel

Sie nannten ihn Quadratschädel. Bereits als Säugling war er von der Mutter in eine herrschaftliche Wohnung mit vierzehn Gemächern gesperrt worden, die – mit Dienstmädchenzimmer, Kabelfernsehen und knackigen Nachbarinnen – im ruhigen Edelviertel am Stadtrand lag. Seine Erzeugerin – eine adelige, aber liederliche Megäre, die der Sodomie anhing – wollte die späte Folge eines schmutzigen Treuebruchs verbergen und vergessen. Daher wuchs Quadratschädel alleine auf, zog sich selbst groß, ohne Freunde, ohne Verwandte, ohne zu wissen, wer sein Vater war, und ohne zu wissen, dass sich die knackigen Nachbarinnen nebenan wie wild vergnügten.

Irgendwann einmal beschloss Quadratschädel – er war gelangweilt und traurig und hatte schon alle Bücher gelesen –, sein Leben ein für alle Mal zu ändern: Er kaufte eine Flasche Tequila und machte im Zentrum ein Büro auf. Mit Telekolleg-Kursen hatte er sich auf Pläne für englische Gärten spezialisiert, und in diesem Bereich wollte er ab sofort arbeiten. Er verließ die Wohnung. Mietete einen Raum. Stellte Personal ein. Kalkulierte Ausgaben. Akquirierte Kunden. Fand Freunde. Und wurde berühmt. Aber glücklich war er noch immer nicht: Er aß alleine und mit seinem Riesenschädel verschreckte er die Frauen.

Ungefähr zu dieser Zeit begann er festzuhalten, wie die Tage vergingen. Sobald er von draußen hereinkam, ging er in sein Zimmer, zog Kleidung und Schuhe aus, nahm einen Zeichenstift und machte einen dicken Strich an die Wand. Alle fünf Tage, wenn fünf senkrechte Striche parallel nebeneinander standen, kreuzte er sie horizontal mit einem sechsten. Das beflügelte ihn bald mehr als der Erfolg

o sucesso de seu escritório –, Cabeção pôs-se a assinalar a parede duas vezes por dia: uma quando acordava, outra quando chegava em casa. Com o tempo, a parede de seu quarto já não comportava mais uma linha sequer. Há muito desfizera-se de sua coleção de quadros e das estantes de livros. Começou, então, a riscar o teto. Nessa fase, já fazia isso não mais em dois momentos do dia, mas a toda vez que ia tomar água. Se estava no escritório quando sentia sede, não titubeava em retornar a seu apartamento para beber mais um tanto e fazer mais um risco. Quando também o teto de seu quarto se encheu de grafite, passou a utilizar as paredes, os tetos e até o chão dos outros treze aposentos.

Um dia, quando só restava espaço livre na dependência de empregada, um belo e jovem rapaz invadiu sua casa e decepou-lhe a cabeça. Ao rolar pelo assoalho, um dos chifres de nosso personagem fez um último risco no parquê.

seines Büros, und so bekritzelte Quadratschädel zweimal am Tag die Wand: einmal, wenn er aufwachte, das andere Mal, wenn er heimkam. Mit der Zeit konnten die Wände seines Zimmers keinen einzigen Strich mehr fassen. Längst hatte er sich seiner Bildersammlung und Bücherregale entledigt. Er begann, die Decke zu bekritzeln. Mittlerweile nicht mehr nur zweimal am Tag, sondern jedes Mal, wenn er einen Schluck Wasser trank. Wurde er im Büro durstig, zögerte er nicht, in seine Wohnung zu laufen, um etwas zu trinken und noch einen Strich zu ziehen. Als auch die Decke seines Zimmers voller Graffiti war, ging er zu den Wänden, Decken, ja selbst den Böden der dreizehn anderen Gemächer über.

Eines Tages, als sich nur noch im Dienstmädchenzimmer Platz fand, brach ein schöner junger Mann in seine Wohnung ein und hackte ihm den Schädel ab. Der rollte über die Dielen, und eines der Hörner unseres Helden kratzte einen letzten Strich ins Parkett.

Na escada rolante

O fato se deu na escada rolante de uma das três estações de metrô com acesso à ferrovia. O casal suíço de meia-idade, que passava pela primeira vez o verão no *bel paese*, acabara de visitar o túmulo de Shelley. Ela – de bermuda rosa e viseira laranja de plástico, grisalha, um metro e setenta e quatro e bastante fornida – desceu na frente. Ele – de bermuda floreada até o joelho e boné escuro da Nike, calvo, um metro e oitenta e dois, aposentado e nem tão fornido – retardou-se um tanto porque avistara, numa banca de revistas próxima à escada rolante, um calendário com fotos do antigo ditador local, em meio àqueles de mulher pelada. Distraído, especulando sobre se o ditador estaria nu ou vestido (e, se nu, sobre quem compraria tal mercadoria), não viu ou ouviu o momento em que sua esposa começou a ser tragada pela escada rolante. Os funcionários daquela estação tinham, há pouco, desmontado a escada para limpeza e tornado a montá-la, mas não aparafusaram direito um dos degraus. Quando a suíça fornida pisou na escada, o degrau cedeu, e suas pernas afundaram. O seu corpo foi paulatinamente mascado pelas engrenagens. Nem mesmo o marido soube informar se foi o irritante barulho dos ossos sendo quebrados ou os gritos aterrorizados dos passantes que o despertaram de seu encafifamento. Quando ele se deu conta de que perdia a mulher, restava a ela, inteiro, somente um braço – e a mão correspondente, que, dedos abertos, tremelicava no ar. Na dúvida se aquilo era um último aceno, um pedido de socorro ou um espasmo de dor, o marido, otimista, acenou-lhe de volta.

Auf der Rolltreppe

Es geschah auf der Rolltreppe in einer der drei U-Bahnstationen am Bahnhof. Das ältliche Schweizer Ehepaar, das zum ersten Mal den Sommer in *Bella Italia* verbrachte, hatte eben Shelleys Grab besucht. Sie – rosa Bermudas und orangefarbener Mützenschirm aus Plastik, graues Haar, ein Meter vierundsiebzig und ziemlich beleibt – fuhr als erste hinab. Er – knielange, geblümte Bermudas und dunkle Kappe von Nike, Glatze, ein Meter zweiundachtzig, in Rente und nicht ganz so beleibt – kam ein bisschen später nach, weil er, an einem Zeitschriftenstand gleich neben der Rolltreppe, einen Kalender mit Bildern vom ehemaligen Diktator zwischen Kalendern mit nackten Frauen entdeckt hatte. Zerstreut fragte er sich, ob der Diktator wohl nackt oder bekleidet abgebildet sein würde (und, falls nackt, wer so etwas kaufen würde), und sah und hörte deshalb nicht, wie seine Frau plötzlich von der Rolltreppe verschlungen wurde. Arbeiter hatten die Rolltreppe zur Wartung ausgebaut und eben erst wieder eingesetzt, dabei aber eine der Stufen nicht ordentlich festgeschraubt. Als die beleibte Schweizerin auf die Treppe trat, gab die Stufe nach und ihre Beine sackten ab. Stück für Stück zermalmte das Räderwerk ihren Körper. Selbst der Ehemann konnte später nicht sagen, ob es das irritierende Geräusch der brechenden Knochen oder die entsetzten Schreie der Vorübergehenden waren, die ihn aus seinen Grübeleien rissen. Als er begriff, dass er seine Frau verlor, war von ihr nur noch ein Arm übrig – und die dazugehörige Hand, die mit gespreizten Fingern in der Luft wedelte. Im Zweifel, ob es sich um ein letztes Winken, eine Bitte um Hilfe oder ein Schmerzzucken handelte, winkte ihr Mann, ein Optimist, zurück.

O Velho

Eles começaram pendurando uma bola vermelha em cada uma das orelhas do velho.

No ano seguinte, outras bolas se somaram àquelas duas. Desta vez, não só vermelhas, e não só nas orelhas. Agora havia bolas douradas, prateadas, brancas, azuis e verdes, que pendiam também dos cabelos e da barba (que eles não cortavam fazia uma década).

No outro ano, eles dependuraram bolas de vários tamanhos e cores também nos buracos do nariz e nas pestanas do velho.

No quarto ano, eles não se restringiram às bolas coloridas: adornaram o velho e sua cadeira de rodas com fitas verdes e pequenos ramos cheirosos.

No ano sucessivo, eles substituíram as fitas verdes e os pequenos ramos cheirosos por grandes galhos de pinheiro, os quais eles encheram de bolas coloridas e prenderam debaixo das axilas do velho.

No outro ano, eles espalharam os grandes galhos de pinheiro por todo aquele corpo desgastado. Engancharam galhos nas orelhas, no nariz e na boca do velho. Outros foram postos debaixo das pernas, dos braços, presos ao elástico do pijama amarelo, atrás do saquinho de mijo e entre as pantufas peludas e o apoio para os pés na cadeira de rodas.

No sétimo ano, eles prepararam minúsculos pacotinhos de papel verde amarrados com fitinhas de seda vermelha e os dispuseram, entre uma bola colorida e outra, nas orelhas, nos cabelos, na barba, no nariz, nas pestanas, na boca, nos braços e, principalmente, nos inúmeros galhos de pinheiro que ornamentavam o velho e sua cadeira de rodas. Por fim, botaram um belíssimo enfeite cor de anil no alto da cabeça.

Der Alte

Am Anfang hängten sie eine rote Kugel an beide Ohren des Alten.

Im Jahr darauf kamen weitere Kugeln hinzu. Nicht nur rote, und auch nicht nur an den Ohren. Jetzt waren es goldene, silberne, weiße, blaue und grüne Kugeln, und sie hingen auch an Haaren und Bart (den sie seit zehn Jahren nicht mehr geschnitten hatten).

Im nächsten Jahr hängten sie die Kugeln verschiedener Größe und Farbe auch an Nasenlöchern und Augenbrauen des Alten auf.

Im vierten Jahr beschränkten sie sich nicht auf bunte Kugeln; sie schmückten den Alten und seinen Rollstuhl mit grünen Bändern und duftenden Zweiglein.

Ein Jahr später ersetzten sie die grünen Bänder und die duftenden Zweiglein durch große Pinienäste, die sie mit bunten Kugeln ausstaffierten und unter die Achseln des Alten hängten.

Im nächsten Jahr verteilten sie die großen Pinienäste über den ganzen ausgelaugten Körper. Sie hakten die Äste in seine Ohren ein, in seine Nase und seinen Mund. Andere wurden unter die Beine und die Arme geklemmt, in den Bund des gelben Schlafanzugs gesteckt, hinter das Pipibeutelchen und zwischen die Plüschpantoffeln und die Fußstützen des Rollstuhls.

Im siebten Jahr packten sie winzige Päckchen mit grünem Papier und roten Seidenbändchen und befestigten sie zwischen der ein oder anderen bunten Kugel an den Ohren, an den Haaren, am Bart, an der Nase, den Augenbrauen, dem Mund, den Armen und vor allem an den unzähligen Pinienästen, die den Alten und seinen Rollstuhl schmückten. Zum Schluss legten sie noch ein überaus hübsches, indigoblaues Schmuckstück auf seinen Scheitel.

No último ano, por cima de tudo isso, eles ainda acrescentaram luzinhas piscantes, que acendiam e apagavam em tempos diferentes. As mais bonitas eram aquelas bem pequenininhas que percorriam os infindáveis tubos de alimentação, respiração e excreção do velho.

Im letzten Jahr setzten sie noch eins drauf und fügten blinkende Lichtlein hinzu, die mit unterschiedlicher Geschwindigkeit aufleuchteten. Die schönsten waren die ganz kleinen, entlang der endlosen Schläuche zur Versorgung, Atmung und Ausscheidung.

Tatuagem

José tinha um verso do poeta morto tatuado na barriga, logo abaixo do umbigo. Um dia, a família viva do poeta morto viu José refestelado na areia da praia, com o tal verso bem à vista, logo acima da sunga amarela. Horrorizada com o acinte, a família o processou. Era um inequívoco oferecimento da obra ao conhecimento público – e num local de frequência coletiva. A família ganhou a causa e a tatuagem, que hoje está emoldurada na grande sala de estar, logo acima do sofá vermelho.

Para Tarso e Kleber, de quem roubei a ideia.

Tattoo

José hatte einen Vers des toten Dichters auf den Bauch tätowiert, gleich unterhalb des Nabels. Eines Tages erblickte die lebende Familie des toten Dichters José, wie er sich am Strand im Sand rekelte, der besagte Vers gut sichtbar, gleich oberhalb der knappen gelben Badehose. Entsetzt über diese mutwillige Provokation verklagte ihn die Familie. Eindeutig sei das Werk damit der Öffentlichkeit zugänglich gemacht worden – und noch dazu an einem stark frequentierten Ort. Die Familie gewann den Prozess und bekam das Tattoo, das heute eingerahmt im Wohnzimmer hängt, gleich oberhalb des roten Sofas.

Für Tarso und Kleber, von dem ich die Idee geklaut habe.

200 M^2

Verônica estava trifeliz (sim, ela era gaúcha) com seu apartamento novo no Centro. O amigo Donizete, mineiro, organizou um chá de panela para celebrar a compra. Verônica e Eduardo (seu marido, também gaúcho) prepararam pães, patês, bolos e sangria para a noitada de sábado. O apartamento ficou cheio de gente. Todos estavam encantados com a amplitude das peças. No meio da festa, Verônica foi até a cristaleira, pegou a pistola que herdara do avô, colocou-a na boca e disparou. Seus miolos foram parar na parede azul. Então, como combinado, Eduardo leu um conto que ela deixou – e que, como sempre, ninguém compreendeu.

200 M^2

Verônica war megaglücklich (ja, eine Gaucha*) über ihre neue Wohnung im Zentrum. Donizete, ein Freund aus Minas, organisierte eine Einweihungsparty, um den Kauf zu feiern. Verônica und Eduardo (ihr Mann, auch ein Gaucho) bereiteten Brötchen, Pasteten, Kuchen und Sangria vor, für die lange Samstagnacht. Es kamen viele Leute und alle waren beeindruckt von der Weitläufigkeit der Räume. Mitten auf der Party ging Verônica zur Glasvitrine, nahm die Pistole, die sie von ihrem Großvater geerbt hatte, steckte sie in den Mund und drückte ab. Hirnteile klatschten an die blaue Wand. Dann las Eduardo wie vereinbart eine Erzählung vor, die sie hinterlassen hatte und die, wie immer, niemand verstand.

* Gauchas und Gauchos sind Bewohner oder ehemalige Bewohner des Bundesstaates Rio Grande do Sul im Süden Brasiliens. Der in der Folge erwähnte Freund Donizete kommt aus dem Bundesstaat Minas Gerais.

Nachwort

Das Motto zu Veronica Stiggers Buch *Os anões – Die Zwerge*, aus dem hier zwei Texte entnommen sind, stammt vom Dichter Carlos Drummond de Andrade (1902–1987). Er äußert darin zu einem eigenen sehr kurzen Prosastück, es sei ein Zwerglein, lustig und lebensfroh und passe in jede Jackentasche. Das ist sicherlich der Fall mit dem vorliegenden Taschenbuch, das Texte von dreizehn brasilianischen Autorinnen und Autoren versammelt, von zweizeilig bis maximal zweiseitig, Zwerglein allesamt, gut lesbar zwischen zwei U-Bahn-Stationen, doch nicht jeder lustig oder lebensfroh, einige eher traurig, viele skurril, sogar befremdlich, alle prägnant.

Microcontos, wortwörtlich Minigeschichten, lassen sich gattungsspezifisch nicht definieren, denn einzig die Textlänge begründet diese Bezeichnung. Wie kurz sollte eine Erzählung sein, um *microconto* genannt zu werden? Zwei Zeilen, 150 Zeichen, eineinhalb Seiten? Die Frage ähnelt jener zur Novelle, nämlich ab welcher Länge eine Erzählung bereits Novelle sei.

Drummond de Andrade schrieb ein Leben lang für Zeitungen, und zwar *crônicas*, jene kurzen, in der portugiesischsprachigen Welt beliebten Prosastücke, deren Tradition auf das 19. Jahrhundert zurückgeht, in Portugal auf Eça de Queirós (1845–1900), in Brasilien auf Machado de Assis (1839–1908). Es sind keine journalistischen Texte im üblichen Sinn, weder Reportagen noch Meinungsartikel, doch sie beziehen sich auf Aktuelles und äußern unverblümt die Meinung des Autors: subjektive Schlaglichter auf den Alltag, gleichsam poetisch und narrativ. Die meisten befreien sich von ihrer ephemeren Erscheinung und finden Eingang ins Gesamtwerk, wo sie als Literatur rezipiert werden. Beinahe alle brasilianischen Autoren schreiben solche *crônicas*. Ihre kleinwüchsigen Verwandten wären die *microcontos*, auch sie etwas hybrid, mal Prosagedicht, mal *fait-divers*, wirklichkeitsnah und zugleich

phantasievoll, unprätentiös im Ton, eher im umgangssprachlichen Sprachregister geschrieben, sparsam in Form und Inhalt, alles Überflüssige und Üppige aussparend: das Richtige für das heutige, gehetzte Lesepublikum. Literatur in Häppchen, die gelegentlich im Halse steckenbleiben.

Diese kurzen Texte, mehr Skizze als Beschreibung, mehr Aperçu als Bericht, scheinen auf die Flüchtigkeit und Schnelllebigkeit des urbanen Lebens hinzudeuten. Es lässt sich Spezifisches erkennen, das auf aktuelle Lebensformen durch die Textform selbst Bezug nimmt. Der Alltag – hier der brasilianische, eher großstädtische Alltag – wird in Ausschnitten erkundet, als würde die Erzählstimme, unhörbar und aus größtmöglicher Distanz mit dem grellen Licht eines starken Scheinwerfers Szenen und Figuren beleuchten. Als Momentaufnahmen eines oft hektischen, fragmentarischen Alltags wirken *microcontos* wie Schnappschüsse.

Viele der hier vertretenen Autoren – Andréa del Fuego oder Beatriz Bracher, Marçal Aquino oder Luiz Ruffato – schreiben Romane, einige verstehen sich auch als Lyriker wie Victor Paes. In diesen Texten haben sie sich der Kurzform bedient, darin ähneln sie vielen Autoren unserer Zeit und den Millionen Benutzern von Blogs, Twitter und SMS auf der ganzen Welt. Marcelino Freire, hier mit Zweizeilern und einem sozialkritischen Kurztext vertreten, stellte 2004 eine Anthologie mit den hundert besten brasilianischen *menores contos* zusammen, ein jedes mit weniger als fünfzig Wörtern. Komplexe Gedanken, unerhörte Begebenheiten oder verwickelte Geschichten nicht auszuschmücken, sondern konzis und sprachlich stringent in (Kurz-)Form zu bringen, dies ist die Herausforderung von Kürzestprosa.

Die einzelnen Texte unterscheiden sich sprachlich und stilistisch, sind mal humorvoll und ironisch, mal zynisch und bitter, mal sachlich und nüchtern, mal in tragendem Ton gehalten. Vieles wird nur angedeutet, bleibt unausgesprochen,

bruchstückhaft. Veronica Stigger oder Sidney Rocha beschreiben verrückte, absurde Situationen – eine Frau wird von der Rolltreppe verschlungen, ein junger Mann verspeist den Eiffelturm –, die zunächst «normal» wirken, bis sie ins Groteske abdriften. José Rezende Jr. spielt ausschließlich in Zweizeilern eine ganze Bandbreite von Themen durch, die das Leben vorgibt, stellenweise mit äußerst schwarzem Humor. Meistens begegnen wir Alltagsszenen, die in unaufgeregtem, lakonischem Ton sehr präzise beschrieben werden, bei Tata Amaral, die vor allem Filme macht, sehr visuell, bei Ivana Arruda Leite meist aus weiblichem Blickwinkel, mit einem humorvollen Augenzwinkern, bei Andréa del Fuego philosophisch-reflexiv, auch sprachlich experimentell, bei Adriana Lisboa an der Oberfläche völlig ereignislos: Vergangenes und Gegenwärtiges streift sie zärtlich, das Wichtigste bleibt im Verborgenen. In zartem Ton geschrieben sind auch die bitter-süßen Kindheitserinnerungen von Luiz Ruffato, Walther Moreira Santos oder Marçal Aquino. Und zahlreiche Texte sind politisch, darunter Beatriz Brachers Fotobeschreibung, Sidney Rochas «Barbie»-Schicksal, Victor Paes' Szenen aus einem bürgerlichen Haushalt. Es sind eindringliche Geschichten unserer Zeit.

Die Autoren sind zwischen 1953 und 1979 geboren, die meisten in den 60er Jahren, und wirken an der Gestaltung des kulturellen und intellektuellen Lebens mit. Alle sind sie journalistisch tätig, auch verlegerisch wie Beatriz Bracher oder Victor Paes, beide Mitbegründer von hochgeschätzten Verlagen, mit engen Verbindungen zur Filmbranche wie Marçal Aquino oder die Regisseurin Tata Amaral. Sie sind im Literaturbetrieb präsent, allen voran Marcelino Freire, der seit vielen Jahren das Literaturfestival *balada literária* in São Paulo kuratiert, wie auch Luiz Ruffato, der u.a. zwei wichtige Erzählerinnenanthologien herausgegeben hat. Einige Autoren haben einen ländlichen Hintergrund, drei Autoren kommen aus dem Nordosten, doch bis auf Walther Moreira Santos

leben alle in brasilianischen Metropolen (Brasília, São Paulo, Rio, Porto Alegre). Ihre Themen – Megastadt und Peripherie, Gewalt und Armut, Liebe und Beziehungen – sind universell und zugleich im brasilianischen Alltag verankert.

Die Fragmentierungen, Ellipsen und Andeutungen dieser *microcontos* sowie die dem Genre eigene starke Verknappung und Verdichtung auf der Bedeutungsebene stellen für die Übersetzung eine besondere Herausforderung dar. Sie geben ein eindrückliches Zeugnis davon ab, wie sorgfältig im Übersetzungsvorgang zwischen konventionalisiertem und poetischem Sprachgebrauch abgewogen werden muss. Manchmal lässt sich eine Geschichte beinahe eins zu eins übertragen, manchmal ist die Übertragung ein Kraftakt kultureller Vermittlung. Auch deshalb muss davon abgerückt werden, eine Eins-zu-eins-Entsprechung zu erwarten, die jedes Wort des Originals in der deutschen Übertragung wiederfindet. Vielmehr lässt sich anhand dieser literarischen Kurzform bei der vergleichenden Lektüre von Original und Übersetzung besonders gut sehen, wie komplex Sprache als Medium kultureller Codes und Konventionen funktioniert und wie dies gerade in den *microcontos* selbst zum Gegenstand des Erzählten wird.

Als zweisprachige Ausgabe von sehr kurzen, prägnanten Geschichten eignet sich diese Anthologie zum Einsatz für das Selbststudium wie auch im Sprachunterricht. Auch Deutschunterricht in portugiesischsprachigen Ländern kann von brasilianischen *microcontos* mit deutscher Übersetzung profitieren. Leser beider Sprachen können sicherlich mit viel Freude und Gewinn Original und Übersetzung genießen, und nicht zuletzt werden der Originalsprache gänzlich unkundige Leser dazu eingeladen, sich auf die aktuelle Erzählkunst Brasiliens, ihre Vielfalt und drängenden Themen einzulassen.

Luísa Costa Hölzl

Bio-bibliographischer Nachweis

Tata Amaral (*1960, São Paulo) ist Filmregisseurin und Drehbuchautorin. Tata Amaral begann in den 80er Jahren mit Kurz- und Videofilmen, die sie auf nationalen und internationalen Festivals präsentierte und für die sie zahlreiche Preise bekam. Der Band mit Kurzprosa über das Leben in der Favela, *Hollywood: depois do terreno baldio* von 2007, entstand im Rahmen der Recherche zu ihrem Kinofilm «Antônia» (2006).

O Pau no Gato, A Janta, Amor Infinito in: Tata Amaral, *Hollywood: depois do terreno baldio*, São Paulo 2007
© Tata Amaral

Marçal Aquino (*1958, Amparo, São Paulo) schreibt Romane, Gedichte, Kurzgeschichten, Drehbücher und Kinderbücher. Im Jahr 2000 bekam er für den Erzählband *O Amor e outros objetos pontiagudos* den «Prêmio Jabuti». Sein Roman *Eu receberia as piores notícias dos seus lindos lábios* von 2005 erschien 2009 auf Deutsch unter dem Titel *Flieh. Und nimm die Dame mit* bei Edition Büchergilde und wurde 2012 von Beto Brant verfilmt.

Cantata © 2010 Marçal Aquino
A casa vermelha da praça © 2010 Marçal Aquino
Disque-denúncia in: Marcelino Freire (Hg.), *Os cem menores contos brasileiros do século*, São Paulo 2004 © 2004 Marçal Aquino
Filé de rosas © 2010 Marçal Aquino

Alle Texte durch freundliche Vermittlung von Literarische Agentur Mertin, Frankfurt

Beatriz Bracher (*1961, São Paulo) schreibt Erzählungen, Romane und Drehbücher. Von 1988 bis 1991 war sie Mitherausgeberin der Zeitschrift für Literatur und Philosophie

34 Letras und Mitbegründerin des Verlags Editora 34. Ihr Kurzgeschichtenband *Meu Amor* wurde mit dem «Prêmio Clarice Lispector» für den besten Erzählband des Jahres 2009 geehrt. Ihr jüngster Roman *Antonio* (2007) erscheint 2013 bei Assoziation A auf Deutsch.

Ele Gostava de Maria, Raza, Duas Fotografias sobre o Natural in: Beatriz Bracher, *Meu Amor*, São Paulo 2009

© 2009 Beatriz Bracher

Alle Texte durch freundliche Vermittlung von Literarische Agentur Mertin, Frankfurt

Marcelino Freire (*1967, Sertânia, Pernambuco) lebte als Kind in Recife, seit 1991 wohnt er in São Paulo. Er arbeitete zunächst in der Werbebranche, heute ist er Schriftsteller, Kulturproduzent und Literaturkritiker. Er hat mehrere Erzählbände veröffentlicht, darunter u.a. *Contos negreiros*, wofür er 2006 den «Prêmio Jabuti» bekam. 2003 organisierte er die Anthologie *Os cem menores contos brasileiros do século*.

Da Paz, Microcontos © Marcelino Freire

Andréa Del Fuego (*1975, São Paulo) veröffentlichte 2004 den Erzählband *Minto enquanto posso*, es folgten *Nego tudo* (2005) und *Engano Seu* (2007). Sie beteiligte sich an mehreren Erzählanthologien und schrieb auch Kinder- und Jugendbücher. Ihr Debütroman *Os Malaquias* von 2010 wurde mit dem «Prémio José Saramago» ausgezeichnet und erscheint 2013 unter dem Titel *Geschwister des Wassers* im Carl Hanser Verlag.

Andressa é manquitola in: Andréa del Fuego, *Nego Tudo*, São Paulo 2005 © 2005 Andréa del Fuego

A omoplata é a ferida da asa, Sei que o verão está a pino, Tenho amiga que dorme, Ela cabe nessa caixinha in: Andréa del Fuego, *Engano Seu*. São Paulo 2007 © 2007 Andréa del Fuego

Alle Texte durch freundliche Vermittlung von Literarische Agentur Mertin, Frankfurt

Ivana Arruda Leite (*1953, Araçatuba, São Paulo) ist Soziologin. Sie schreibt Erzählungen, Romane und Kinderliteratur und ist in Erzählanthologien sowie Literaturzeitschriften vertreten. Ihr erster Erzählband *Histórias da mulher do fim do século* erschien 1997, es folgten *Falo de Mulher* (2002) und *Ao homem que não me quis* (2005).

O Sabonete das Estrelas, Dulcora, A lua-de-mel da Bela Adormecida, Gilda, Joelma, Natureza morta, Raquel Hannerman, A verdadeira tragédia in: Ivana Arruda Leite, *Ao homem que não me quis*, Rio de Janeiro 2005 © Ivana Arruda Leite

Adriana Lisboa (*1970, Rio de Janeiro) studierte Musik und Literatur. Sie ist Übersetzerin. 1999 publizierte sie ihren ersten Roman *Os Fios da Memória*. Für ihre Werke bekam sie zahlreiche Preise, u.a. für *Sinfonia em Branco* 2003 den «Prémio José Saramago». Dieser erscheint 2013 unter dem Titel *Der Sommer der Schmetterlinge* im Aufbau Verlag. Seit 2007 lebt Adriana Lisboa in den USA.

Quintais, Tristeza, Quintal Aventura, Densidade in: Adriana Lisboa, *Caligrafias – pequenas narrativas – 1996/2004*, Rio de Janeiro 2004 © 2004 Adriana Lisboa

Alle Texte durch freundliche Vermittlung von Literarische Agentur Mertin, Frankfurt

Victor Paes (*1975, Rio de Janeiro) lebt als Prosaautor, Lyriker, Schauspieler und Verleger in Rio. 2007 veröffentlichte er den Gedichtband O óbvio *dos sábios*, 2010 den Erzählband *Mas para todos os efeitos, nada disso aconteceu* und 2011 schließlich *Deus ex machina*. Victor Paes ist in verschiedenen Zeitschriften, Blogs und Anthologien vertreten, darunter in

XXI poetas de hoje em dia(nte) von 2009. Gemeinsam mit dem Dichter Márcio-André betreibt er in Rio und Santiago de Compostela den Verlag *Confraria do Vento.*

Zulmira acordou, Zulmira acordou mais tarde, Zulmira diante da estátua in: Victor Paes, *Mas para todos os efeitos, nada disso aconteceu,* São Paulo 2010 © Victor Paes

José Rezende Jr. (*1959, Aimorés, Minas Gerais) lebt in Brasília. Der Autor debütierte 2005 mit dem Erzählband *A Mulher-Gorila e outros demónios.* 2010 bekam er für *Eu perguntei pro velho se ele queria morrer(e outras estórias de amor)* den «Prêmio Jabuti» für den besten Erzählband zugesprochen. Im selben Jahr erschien außerdem *estórias mínimas,* eine Sammlung von Minigeschichten, die nicht mehr als 140 Zeichen umfassen.

Alle hier publizierten Minigeschichten aus: José Rezende Junior, *estórias mínimas,* Rio de Janeiro 2010 © José Rezende Jr.

Sidney Rocha (*1965, Juazeiro do Norte, Ceará) pendelt zwischen Recife, der Hauptstadt des Bundesstaates Pernambuco, und São Paulo. Er schreibt Lyrik, Erzählungen und Drehbücher. Zur Zeit arbeitet er an dem Roman *Geronimo,* der den Beginn einer Trilogie markieren soll. 2009 veröffentlichte er den Erzählband *Matriuska,* 2010 den Roman *Sofia, uma ventania para dentro* und 2011 die Erzählungen *O destino das metáforas,* für die er 2012 den «Prêmio Jabuti» erhielt.

Continho trash prum mundinho cash, Magnetismo, Dança comigo in: Sidney Rocha, *O destino das metáforas,* São Paulo 2011 © Sidney Rocha

barbie in: Sidney Rocha, *Matriuska: contos,* São Paulo 2009 © Sidney Rocha

Luiz Ruffato (*1961, Cataguases, Minas Gerais) lebt in São Paulo, schreibt Erzählungen, Romane und Lyrik. Der umtriebige Autor arbeitete u.a. als Verkäufer und Mechaniker und studierte später Journalismus. 1998 veröffentlichte er einen ersten Kurzgeschichten-Band, 2001 folgte der Roman *Eles eram muitos cavalos*, der mehrfach ausgezeichnet wurde, u.a. mit dem «Prêmio Machado de Assis» Er erschien 2012 auf Deutsch unter dem Titel *Es waren viele Pferde* im Verlag Assoziation A. Der fünfbändige Zyklus *Inferno Provisório* erscheint ab 2013 ebenfalls bei Assoziation A.

Walther Moreira Santos (*1979, Vitória de Santo Antão, Pernambuco) lebt in einer Provinzstadt des brasilianischen Nordostens, schreibt Romane, Erzählungen und vor allem Kinderbücher. Seine Werke, u.a. die Romane *Dentro da chuva amarela* (2000) und *O Ciclista* (2008), wurden mit Preisen geehrt. Walther Moreira Santos beteiligt sich regelmäßig an internationalen Kinderliteraturtreffen.

Veronica Stigger (* 1973, Porto Alegre, Rio Grande do Sul) studierte zunächst Journalismus, promovierte später im Bereich Kunsttheorie und Kunstkritik. Seit 2001 lebt sie in São Paulo, wo sie unterrichtet und Kunstprojekte entwickelt. Sie schreibt Kurzprosa und publizierte 2004 *O trágico e outras comédias*, 2007 *Gran cabaret demenzial* und 2010 *Os anões*. *Dora e sol* (2010) ist ihr erstes Kinderbuch.